中华人民共和国
土地管理法

（实用版）

中国法制出版社
CHINA LEGAL PUBLISHING HOUSE

图书在版编目（CIP）数据

中华人民共和国土地管理法：实用版/中国法制出版社编.—6版.—北京：中国法制出版社，2021.10（2022.6重印）
ISBN 978-7-5216-2182-2

Ⅰ.①中… Ⅱ.①中… Ⅲ.①土地管理法-中国 Ⅳ.①D922.3

中国版本图书馆CIP数据核字（2021）第198291号

责任编辑 李璞娜　　　　　　　　　　　　　封面设计 杨泽江

中华人民共和国土地管理法（实用版）
ZHONGHUA RENMIN GONGHEGUO TUDI GUANLIFA（SHIYONGBAN）

经销/新华书店
印刷/北京海纳百川印刷有限公司
开本/850毫米×1168毫米 32开　　　　　印张/8 字数/205千
版次/2021年10月第6版　　　　　　　　　2022年6月第3次印刷

中国法制出版社出版
书号 ISBN 978-7-5216-2182-2　　　　　　　定价：24.00元

北京市西城区西便门西里甲16号西便门办公区
邮政编码：100053　　　　　　　　　　　　传真：010-63141600
网址：http://www.zgfzs.com　　　　　　　编辑部电话：010-63141670
市场营销部电话：010-63141612　　　　　印务部电话：010-63141606

（如有印装质量问题，请与本社印务部联系。）

■实用版

编辑说明

运用法律维护权利和利益,是读者选购法律图书的主要目的。法律文本单行本提供最基本的法律依据,但单纯的法律文本中的有些概念、术语,读者不易理解;法律释义类图书有助于读者理解法律的本义,但又过于繁杂、冗长。"实用版"法律图书至今已行销多年,因其实用、易懂的优点,成为广大读者理解、掌握法律的首选工具。

"实用版系列"独具五重使用价值:

1. **专业出版**。中国法制出版社是中央级法律类图书专业出版社,是国家法律、行政法规文本的权威出版机构。

2. **法律文本规范**。法律条文利用了本社法律单行本的资源,与国家法律、行政法规正式版本完全一致,确保条文准确、权威。

3. **条文解读详致**。本书中的【理解与适用】均是从庞杂的相互关联的法律条文以及全国人大常委会法制工作委员会等对条文的权威解读中精选、提炼而来;【典型案例指引】来自最高人民法院公报、各高级人民法院判决书等,点出适用要点,展示解决法律问题的实例。

4. **附录实用**。书末收录经提炼的法律流程图、诉讼文书、办案常用数据等内容,帮助提高处理法律纠纷的效率。

5. **附赠电子版**。与本分册主题相关、因篇幅所限而未收录的相关文件、"典型案例指引"所涉及的部分重要案例全文,均制作成电子版文件。扫一扫封底"法规编辑部"即可免费获取。

中国法制出版社
2021年9月

《中华人民共和国土地管理法》理解与适用

土地是民生之本、发展之基，关系到广大人民群众的切身利益。随着我国经济社会的快速发展，土地作为基本生产资料的地位和作用日益突出。

《土地管理法》于1986年6月25日由第六届全国人民代表大会常务委员会第十六次会议通过，其间经历1988年、1998年、2004年及2019年四次变迁。《土地管理法》共8章87条，明确了国有土地和集体所有土地在范围上的划分，确立了土地用途管制制度，对耕地实施特殊保护，详细规范了建设占用土地涉及农用地转为建设用地应当办理的审批手续，加强了各级自然资源主管部门对违反土地管理法律、法规行为的监督检查力度，强化了违法者的法律责任。2019年8月26日修改的土地管理法，继续坚持土地公有制不动摇，坚持农民利益不受损，坚持最严格的耕地保护制度和最严格的节约集约用地制度，并在充分总结农村土地制度改革试点成功经验的基础上，在土地征收制度、集体经营性建设用地入市、宅基地管理等方面作出多项重大突破，将多年来土地制度的改革成果上升为法律规定。《民法典》《土地管理法实施条例》《城镇国有土地使用权出让和转让暂行条例》《基本农田保护条例》和《违反土地管理规定行为处分办法》等法律法规和政策性文件的出台或修订，建立了耕地保护制度、建设用地管理制度、土地产权和交易制度、监督检查制度和法律责任制度。

《土地管理法》的主要内容包括：

（一）土地权属制度。我国实行土地公有制，分为全民所有和集体所有两种。其中国有土地的范围包括：城市市区的土地，依法属于国家所有的农村和城市郊区的土地，国家已征收的土地。土地所有权不得买卖或者以其他形式非法转让，但是土地使用权可以依法转让。

（二）农用地转建设用地。国家严格限制农用地转为建设用地，控制建设用地总量。建设占用土地，涉及农用地转为建设用地的，应当按照管理权限办理批转手续。（1）永久基本农田转为建设用地的，由国务院批准。（2）在土地利用总体规划确定的城市和村庄、集镇建设用地规模范围内，为实施该规划而将永久基本农田以外的农用地转为建设用地的，按土地利用年度计划分批次按照国务院规定由原批准土地利用总体规划的机关或者其授权的机关批准。在已批准的农用地转用范围内，具体建设项目用地可以由市、县人民政府批准。（3）在土地利用总体规划确定的城市和村庄、集镇建设用地规模范围外，将永久基本农田以外的农用地转为建设用地的，由国务院或者国务院授权的省、自治区、直辖市人民政府批准。

（三）土地征收及征地补偿。国家为了公共利益的需要，可以依法对土地实行征收并给予补偿。征收土地应当依法及时足额支付土地补偿费、安置补助费以及农村村民住宅、其他地上附着物和青苗等的补偿费用，并安排被征地农民的社会保障费用。征地补偿的原则是应当保障被征地农民"原有生活水平不降低、长远生计有保障"，具体计算方法是：（1）征收农用地的土地补偿费、安置补助费标准由省、自治区、直辖市通过制定公布区片综合地价确定。制定区片综合地价应当综合考虑土地原用途、土地资源条件、土地产值、土地区位、土地供求关系、人口以及经济社会发展水平等因素，并至少每三年调整或者重新公布一次。（2）地上附着物和青苗等的补偿标准，由省、自治区、直辖市制定。（3）农村村民住宅，应当按照先补偿后搬迁、居住条件有改善的原则，尊重农村村民意愿，采取重新安排宅基地建房、提供安置房或者货币补偿等方式给予公平、合理的补偿，并对因征收造成的搬迁、临时安置等费用予以补偿，保障农村村民居住的权利和合法的住房财产权益。(4) 县级以上地方人民政府应当将被征地农民纳入相应的养老等社会保障体系。被征地农民的社会保障费用主要用于符合条件的被征地农民的养老保险等社会保险缴费补贴。

（四）国有土地使用权的出让和划拨。(1) 取得的代价不同：经县级以上人民政府批准，以划拨方式获得国有土地使用权的，无须向国家缴纳土地使用权出让金，为无偿取得。但是如果该土地被划拨前存在拆迁、安置等情况的，以划拨方式取得土地使用权的单位应当承担补偿安置的费用。以出让方式取得国有土地使用权的，须向国家缴纳土地使用权出让金。(2) 使用年限不同：以划拨方式取得国有土地使用权一般没有使用年限限制，以出让方式取得的土地使用权则有年限限制，如工业用地出让年限最高为50年，商业用地最高为40年，居住用地最高为70年。(3) 经营活动的限制不同：划拨取得的土地使用权，限制自用，未经政府批准不得进行转让、出租、抵押等经营活动，出让方式取得土地使用权，可以进行转让、出租、抵押等经营活动。(4) 依法收回土地使用权时补偿不同：划拨方式取得的土地使用权，市、县人民政府根据城市建设发展需要和城市规划的要求，可以无偿收回，根据实际情况对其地上建筑物、其他附着物给予适当补偿；出让方式取得的土地使用权，则根据土地使用者使用土地的实际年限和开发土地的实际情况给予相应的补偿。

目 录

中华人民共和国土地管理法

第一章 总 则

2 | 第一条 【立法目的】
2 | 第二条 【基本土地制度】
　　　　　[土地的社会主义公有制]
　　　　　[土地征收制度]
　　　　　[土地有偿使用制度]
4 | 第三条 【土地基本国策】
5 | 第四条 【土地用途管制制度】
　　　　　[土地用途管制制度]
6 | 第五条 【土地管理体制】
6 | 第六条 【国家土地督察制度】
　　　　　[土地督察制度]
7 | 第七条 【单位和个人的土地管理权利和义务】
　　　　　[守法义务]
　　　　　[检举权、控告权]
9 | 第八条 【奖励】

第二章 土地的所有权和使用权

9 | 第九条 【土地所有制】

10	第 十 条	【土地使用权】
		[国有土地依法确定给单位或个人使用的方式]
		[国有土地依法确定给单位或个人使用后,其使用权可否进入市场流转]
13	第十一条	【集体所有土地的经营和管理】
14	第十二条	【土地所有权和使用权登记】
		[集体土地所有权登记]
		[国有建设用地使用权登记]
		[依法登记的土地所有权和使用权受到侵害时的救济途径]
16	第十三条	【土地承包经营】
19	第十四条	【土地所有权和使用权争议解决】
		[土地权属的争议]
		[不能作为土地权属争议案件受理的案件]
		[当事人协商解决土地权属争议时应注意的问题]

第三章 土地利用总体规划

21	第十五条	【土地利用总体规划的编制依据和规划期限】
21	第十六条	【土地利用总体规划的编制要求】
22	第十七条	【土地利用总体规划的编制原则】
22	第十八条	【国土空间规划】
24	第十九条	【县、乡级土地利用总体规划的编制要求】
24	第二十条	【土地利用总体规划的审批】
24	第二十一条	【建设用地的要求】
25	第二十二条	【相关规划与土地利用总体规划的衔接】

| 26 | 第二十三条 【土地利用年度计划】
| 26 | 第二十四条 【土地利用年度计划执行情况报告】
| 26 | 第二十五条 【土地利用总体规划的修改】
| 27 | 第二十六条 【土地调查】
| 27 | 第二十七条 【土地分等定级】
| 28 | 第二十八条 【土地统计】
| 28 | 第二十九条 【土地利用动态监测】

第四章 耕地保护

| 29 | 第三十条 【占用耕地补偿制度】
　　　　　[补充耕地的具体责任人的确定]
　　　　　[占用耕地的单位补偿]
| 31 | 第三十一条 【耕地耕作层土壤的保护】
| 31 | 第三十二条 【省级政府耕地保护责任】
| 32 | 第三十三条 【永久基本农田保护制度】
| 33 | 第三十四条 【永久基本农田划定】
| 34 | 第三十五条 【永久基本农田的保护措施】
| 34 | 第三十六条 【耕地质量保护】
| 35 | 第三十七条 【非农业建设用地原则及禁止破坏耕地】
| 36 | 第三十八条 【非农业建设闲置耕地的处理】
| 38 | 第三十九条 【未利用地的开发】
| 38 | 第四十条 【未利用地开垦的要求】
| 40 | 第四十一条 【国有荒山、荒地、荒滩的开发】
| 40 | 第四十二条 【土地整理】
| 41 | 第四十三条 【土地复垦】
　　　　　[土地复垦的范围]

3

第五章 建 设 用 地

42	第四十四条	【农用地转用】
45	第四十五条	【征地范围】
47	第四十六条	【征地审批权限】
48	第四十七条	【土地征收程序】
		[土地现状调查和社会稳定风险评估]
		[征收补偿方案及其公告]
		[补偿登记]
50	第四十八条	【土地征收补偿安置】
53	第四十九条	【征地补偿费用的使用】
54	第 五 十 条	【支持被征地农民就业】
54	第五十一条	【大中型水利水电工程建设征地补偿和移民安置】
55	第五十二条	【建设项目用地审查】
56	第五十三条	【建设项目使用国有土地的审批】
56	第五十四条	【国有土地的取得方式】
		[有偿使用]
		[无偿使用]
59	第五十五条	【国有土地有偿使用费】
60	第五十六条	【国有土地的使用要求】
62	第五十七条	【建设项目临时用地】
64	第五十八条	【收回国有土地使用权】
66	第五十九条	【乡、村建设使用土地的要求】
67	第 六 十 条	【村集体兴办企业使用土地】
67	第六十一条	【乡村公共设施、公益事业建设用地审批】

4

67	第六十二条　【农村宅基地管理】
	［一户一宅］
	［宅基地使用权流转方式］
	［宅基地有偿使用及自愿有偿退出］
	［宅基地管理的主管部门］
72	第六十三条　【集体经营性建设用地入市】
	［集体经营性建设用地入市主体］
	［集体经营性建设用地入市条件］
	［集体经营性建设用地流转方式］
75	第六十四条　【集体建设用地的使用要求】
75	第六十五条　【不符合土地利用总体规划的建筑物的处理】
76	第六十六条　【集体建设用地使用权的收回】

第六章　监督检查

77	第六十七条　【监督检查职责】
78	第六十八条　【监督检查措施】
79	第六十九条　【出示监督检查证件】
79	第 七 十 条　【有关单位和个人对土地监督检查的配合义务】
80	第七十一条　【国家工作人员违法行为的处理】
81	第七十二条　【土地违法行为责任追究】
	［依法应当移送司法机关处理的土地违法案件］
82	第七十三条　【不履行法定职责的处理】
	［应依法给予行政处罚的行为］

5

第七章 法律责任

83	第七十四条	【非法转让土地的法律责任】
85	第七十五条	【破坏耕地的法律责任】
86	第七十六条	【不履行复垦义务的法律责任】
87	第七十七条	【非法占用土地的法律责任】
89	第七十八条	【非法占用土地建住宅的法律责任】
90	第七十九条	【非法批准征收、使用土地的法律责任】
91	第八十条	【非法侵占、挪用征地补偿费的法律责任】
91	第八十一条	【拒不交还土地、不按照批准用途使用土地的法律责任】
92	第八十二条	【擅自将集体土地用于非农业建设和集体经营性建设用地违法入市的法律责任】
93	第八十三条	【责令限期拆除的执行】
94	第八十四条	【自然资源主管部门、农业农村主管部门工作人员违法的法律责任】

第八章 附则

95	第八十五条	【外商投资企业使用土地的法律适用】
95	第八十六条	【过渡期间有关规划的适用】
95	第八十七条	【施行时间】

实用核心法规

96	中华人民共和国民法典（节录）（2020年5月28日）
106	中华人民共和国土地管理法实施条例（2021年7月2日）

119	中华人民共和国农村土地承包法 （2018 年 12 月 29 日）
130	不动产登记暂行条例 （2019 年 3 月 24 日）
136	中华人民共和国城市房地产管理法（节录） （2019 年 8 月 26 日）
141	招标拍卖挂牌出让国有建设用地使用权规定 （2007 年 9 月 28 日）
147	闲置土地处置办法 （2012 年 6 月 1 日）
154	土地权属争议调查处理办法 （2010 年 11 月 30 日）
158	最高人民法院关于审理涉及国有土地使用权合同纠纷案件适用法律问题的解释 （2020 年 12 月 29 日）
162	最高人民法院关于审理破坏土地资源刑事案件具体应用法律若干问题的解释 （2000 年 6 月 19 日）
165	最高人民法院关于审理涉及农村集体土地行政案件若干问题的规定 （2011 年 8 月 7 日）

实用附录

168	1. 集体土地征收补偿标准
169	2. 行政复议、行政诉讼流程简图
170	3.《中华人民共和国土地管理法》修改条文前后对照表
206	4.《中华人民共和国土地管理法实施条例》修改条文前后对照表

电子版增补法规（请扫封底"法规编辑部"二维码获取）

国务院关于深化改革严格土地管理的决定
　（2004年10月21日）

国务院关于授权和委托用地审批权的决定
　（2020年3月1日）

中共中央、国务院关于保持土地承包关系稳定并长久
　不变的意见
　　（2019年11月26日）

中共中央、国务院关于建立国土空间规划体系并监督
　实施的若干意见
　　（2019年5月23日）

中央农村工作领导小组办公室、农业农村部关于进一
　步加强农村宅基地管理的通知
　　（2019年9月11日）

基本农田保护条例
　（2011年1月8日）

土地调查条例
　（2018年3月19日）

土地复垦条例
　（2011年3月5日）

中华人民共和国城镇国有土地使用权出让和转让暂行条例
　（2020年11月29日）

确定土地所有权和使用权的若干规定
　（2010年12月3日）

不动产登记暂行条例实施细则（节录）
　（2019年7月24日）

节约集约利用土地规定
　（2019年7月24日）

违反土地管理规定行为处分办法
　　（2008年5月9日）

建设项目用地预审管理办法
　　（2016年11月29日）

建设用地审查报批管理办法
　　（2016年11月29日）

农村土地经营权流转管理办法
　　（2021年1月26日）

自然资源行政复议规定
　　（2019年7月19日）

自然资源行政处罚办法
　　（2020年3月20日）

国土资源信访规定
　　（2006年1月4日）

自然资源听证规定
　　（2020年3月20日）

中华人民共和国土地管理法

（1986年6月25日第六届全国人民代表大会常务委员会第十六次会议通过 根据1988年12月29日第七届全国人民代表大会常务委员会第五次会议《关于修改〈中华人民共和国土地管理法〉的决定》第一次修正 1998年8月29日第九届全国人民代表大会常务委员会第四次会议修订 根据2004年8月28日第十届全国人民代表大会常务委员会第十一次会议《关于修改〈中华人民共和国土地管理法〉的决定》第二次修正 根据2019年8月26日第十三届全国人民代表大会常务委员会第十二次会议《关于修改〈中华人民共和国土地管理法〉、〈中华人民共和国城市房地产管理法〉的决定》第三次修正）

目 录

第一章 总 则
第二章 土地的所有权和使用权
第三章 土地利用总体规划
第四章 耕地保护
第五章 建设用地
第六章 监督检查
第七章 法律责任
第八章 附 则

第一章 总 则

第一条 立法目的[*]

为了加强土地管理,维护土地的社会主义公有制,保护、开发土地资源,合理利用土地,切实保护耕地,促进社会经济的可持续发展,根据宪法,制定本法。

▶理解与适用

土地是与人类生存和发展最息息相关的物质基础,包括耕地、林地、草地、农田水利用地、养殖水面、城乡住宅和公共设施用地、工矿用地、交通水利设施用地、旅游用地、军事设施用地等,具有有限性、不可替代性、永久性、不可移动性等基本特征。

第二条 基本土地制度

中华人民共和国实行土地的社会主义公有制,即全民所有制和劳动群众集体所有制。

全民所有,即国家所有土地的所有权由国务院代表国家行使。

任何单位和个人不得侵占、买卖或者以其他形式非法转让土地。土地使用权可以依法转让。

国家为了公共利益的需要,可以依法对土地实行征收或者征用并给予补偿。

国家依法实行国有土地有偿使用制度。但是,国家在法律规定的范围内划拨国有土地使用权的除外。

---

[*] 条文主旨为编者所加,下同。

▶理解与适用

[土地的社会主义公有制]

依据宪法和本法，我国土地的社会主义公有制分为全民所有制和劳动群众集体所有制这两种基本形式。任何组织或者个人不得侵占、买卖或者以其他形式非法转让土地。我国公有土地所有权的主体只能是国家和有关农民集体，除国家为了公共利益的需要可以依法征收农民集体所有的土地外，公有土地的所有权是不能改变的。任何买卖或者变相买卖土地，即通过买卖改变土地所有权的行为都是非法的，都必须依法禁止。

土地使用权是指土地使用者在法律规定的范围内对所使用的土地享有占有、使用和收益的权利。我国确立了土地所有权和使用权相分离的原则，土地使用权可以依法转让。

[土地征收制度]

土地所有权转让的例外形式是国家对土地的征收。为了保证社会长远发展和公益事业顺畅发展，当国有建设用地不足时，国家或政府可以对属于集体所有的土地进行征收。由于征收是对土地的重新分配，关乎与该块土地具有权利关联的众多单位和个人的利益，因此征收的适用必须严格限制，不得滥用。

[土地有偿使用制度]

我国的国有土地有偿使用制度是指，国家将国有土地使用权在一定年限内出让给土地使用者，由土地使用者向国家支付土地使用权出让金的制度。在法定条件下对土地的无偿使用是有偿使用制度的补充和例外。国有土地有偿使用制度主要包括：建设单位使用国有土地，应当以出让等有偿使用方式取得，但是法律、行政法规规定可以划拨方式取得的除外；土地有偿使用可以通过土地使用权出让、租赁、授权经营、作价入股（出资）等方式实现，其中出让方式有招标、拍卖、挂牌和协议；工业、商业、旅游、娱乐和商品住宅等经营性用地，应当采取招拍挂方式出让；同一宗地有两个以上意向用地者的，应当以招拍挂方式出让。

▶条文参见

《宪法》[①] 第6、10条；《民法典》第242、243、245、249、260、325、327、347条；《城市房地产管理法》第3、9条

▶典型案例指引

马某与某村第十二村民组租赁合同纠纷上诉案（河南省郑州市中级人民法院民事判决书〔2010〕郑民四终字第479号）

案件适用要点： 马某、某村十二组以签订土地租赁协议的形式，将马某某老宅所留的部分土地租赁给马某作为宅基地使用，协议中有关租赁期限为30年、租赁费为500元、一次性付清以及租赁期满后由马某无偿使用的约定，既违反了《合同法》[②] 第214条第1款"租赁期限不超过二十年。超过二十年的，超过部分无效"的规定，也违反了《土地管理法》第2条第3款的规定，构成实质非法转让土地的行为。同时，协议涉及的土地使用还直接影响到某村十二组其他村民组成员宅基地的整体规划，因其内容违反法律、法规的强制性规定，损害社会公共利益而应属无效。

第三条　土地基本国策

十分珍惜、合理利用土地和切实保护耕地是我国的基本国策。各级人民政府应当采取措施，全面规划，严格管理，保护、开发土地资源，制止非法占用土地的行为。

---

① 为便于阅读，本书中相关法律文件标题中的"中华人民共和国"字样都予以省略。

② 典型案例指引中援引的法条为当时有效的条文，其中的裁判规则与现行有效法律规定的内容并不冲突，仍可作为参考，下同。

▶条文参见

《国务院关于深化改革严格土地管理的决定》；《省级政府耕地保护责任目标考核办法》

第四条　土地用途管制制度

国家实行土地用途管制制度。

国家编制土地利用总体规划，规定土地用途，将土地分为农用地、建设用地和未利用地。严格限制农用地转为建设用地，控制建设用地总量，对耕地实行特殊保护。

前款所称农用地是指直接用于农业生产的土地，包括耕地、林地、草地、农田水利用地、养殖水面等；建设用地是指建造建筑物、构筑物的土地，包括城乡住宅和公共设施用地、工矿用地、交通水利设施用地、旅游用地、军事设施用地等；未利用地是指农用地和建设用地以外的土地。

使用土地的单位和个人必须严格按照土地利用总体规划确定的用途使用土地。

▶理解与适用

［土地用途管制制度］

土地用途管制制度，是指国家为保证土地资源的合理利用以及经济、社会和环境的协调发展，通过编制国土空间规划划定土地利用区，确定每一块土地的用途，土地使用者、土地所有者应严格地按照国家确定的土地用途利用土地的制度。其核心是依据国土空间规划对土地用途转变实行严格控制。

▶条文参见

《民法典》第244条；《土地管理法实施条例》第3条；《自然生态空间用途管制办法（试行）》

▶典型案例指引

海南某木器有限公司与海口市琼山区三门坡镇文蛟村委会

某村民小组等农业承包合同纠纷抗诉案（海南省高级人民法院民事判决书〔2007〕琼民抗字第33号）

案件适用要点：根据2001年8月21日国土资源部国土资发〔2001〕255号《关于印发试行〈土地分类〉的通知》，耕地包括水田、水浇地、旱地等，该300亩土地在1991年时有97.65亩属于耕地。草地203.38亩虽不属于耕地，但属于农用地。因此，可以认定该300亩承包地不属于荒地。

第五条 土地管理体制

国务院自然资源主管部门统一负责全国土地的管理和监督工作。

县级以上地方人民政府自然资源主管部门的设置及其职责，由省、自治区、直辖市人民政府根据国务院有关规定确定。

▶理解与适用

在1998年国务院机构改革中，原国家土地管理局与地质矿产部、国家海洋局、国家测绘局合并组建了国土资源部。2018年机构改革时，将国土资源部的职责，国家发展和改革委员会的组织编制主体功能区规划职责，住房和城乡建设部的城乡规划管理职责，水利部的水资源调查和确权登记管理职责，农业部的草原资源调查和确权登记管理职责，国家林业局的森林、湿地等资源调查和确权登记管理职责，国家海洋局的职责，国家测绘地理信息局的职责整合，组建自然资源部。自然资源部现为我国中央一级的土地行政主管部门。

▶条文参见

《自然资源部职能配置、内设机构和人员编制规定》

第六条 国家土地督察制度

国务院授权的机构对省、自治区、直辖市人民政府以及国务院确定的城市人民政府土地利用和土地管理情况进行督察。

▶理解与适用

[土地督察制度]

本条规定标志着国家土地督察制度正式成为土地管理的法律制度。土地督察制度主要包括以下内容：

1. 督察的主体。根据本条规定，土地督察的主体是经国务院授权专门对省、自治区、直辖市人民政府以及国务院确定的城市人民政府行使土地监督检查权的机构。

2. 督察的对象。根据本条规定，督察对象为省、自治区、直辖市人民政府以及国务院确定的城市人民政府。

3. 督查的内容。国家自然资源督察机构根据授权对省、自治区、直辖市人民政府以及国务院确定的城市人民政府下列土地利用和土地管理情况进行督察：（1）耕地保护情况；（2）土地节约集约利用情况；（3）国土空间规划编制和实施情况；（4）国家有关土地管理重大决策落实情况；（5）土地管理法律、行政法规执行情况；（6）其他土地利用和土地管理情况。

▶条文参见

《国务院办公厅关于建立国家土地督察制度有关问题的通知》；《土地管理法实施条例》第44条

第七条　单位和个人的土地管理权利和义务

任何单位和个人都有遵守土地管理法律、法规的义务，并有权对违反土地管理法律、法规的行为提出检举和控告。

▶理解与适用

根据《国土资源信访规定》的规定，公民、法人和其他组织可以向各级自然资源管理部门反映、举报各类违反土地管理规定的行为，信访机构应在规定的期限内办结。若信访人对处理意见有异议的，还可以申请复查。而且信访人提出的意见若被采纳的，还可以得到适当的奖励。

[守法义务]

守法，是国家机关、社会组织和公民都要遵循的义务，在土地关系中，具体表现为任何单位和个人都必须按照土地管理法律、法规的规定来约束自己的行为，不能实施违反土地管理法律、法规的行为。首先，国家机关及其工作人员应严格守法，主要包括：严格按照国土空间规划确定的用途批准用地；严格按照法律规定的权限和程序批准占用、征收土地；不得侵占、挪用被征收土地单位的征地补偿费用和其他有关费用；自然资源主管部门的工作人员要认真执法，不得滥用职权、徇私舞弊。在处理土地违法案件时，必须严格按照法律、法规的规定，该给予处分的必须给予处分，该给予行政处罚的必须给予行政处罚，该移送有关机关追究刑事责任的，必须移交有关机关追究刑事责任。其次，公民和单位应当忠实履行土地管理法律、法规规定的义务，主要包括：使用土地的单位和个人，有保护、管理和合理利用土地的义务；承包经营土地的单位和个人有保护和按照承包合同约定的用途合理利用土地的义务；不得侵占、买卖或者以其他形式非法转让土地；不得违反国土空间规划擅自将农用地改为建设用地；不得违反本法规定，占用耕地建窑、建坟或者擅自在耕地上建房、挖砂、采石、采矿、取土等，破坏种植条件；不得未经批准或者采取欺骗手段骗取批准，非法占用土地；农村村民不得未经批准或者采取欺骗手段骗取批准，非法占用土地建住宅；使用耕地的，要严格按照本法的规定履行开垦义务；因挖损、塌陷、压占等造成土地破坏的，应当履行土地复垦义务；开发土地要遵守本法和其他法律、法规规定的程序和要求等。

[检举权、控告权]

行使检举权和控告权的具体方式有：（1）向司法机关提起诉讼；（2）向主管单位、上级单位提出；（3）向专门的监察机关提出。

▶条文参见

《宪法》第41条;《国土资源信访规定》

第八条　奖励

在保护和开发土地资源、合理利用土地以及进行有关的科学研究等方面成绩显著的单位和个人,由人民政府给予奖励。

第二章　土地的所有权和使用权

第九条　土地所有制

城市市区的土地属于国家所有。

农村和城市郊区的土地,除由法律规定属于国家所有的以外,属于农民集体所有;宅基地和自留地、自留山,属于农民集体所有。

▶理解与适用

我国土地的所有权主体只有两个,一个是国家,一个是农民集体。

宅基地,主要是指农民用于建造住房及其附属设施的一定范围内的土地;自留地是指我国农业合作化以后农民集体经济组织分配给本集体经济组织成员(村民)长期使用的土地;自留山是指农民集体经济组织分配给农民长期使用的少量的柴山和荒坡。

▶条文参见

《宪法》第9、10条;《民法典》第249、250条;《确定土地所有权和使用权的若干规定》第18条;《土地权属争议调查处理办法》

▶典型案例指引

1. 杨某荣与杨某华土地承包经营权纠纷上诉案（昆明市中级人民法院民事判决书〔2009〕昆民一终字第36号）

案件适用要点：农村土地的所有者是农村集体经济组织，农户家庭作为农村土地的承包方，其享有的是承包经营权，而该权利需与村集体经济组织或者村民委员会通过签订承包合同来取得。上诉人认为本案争议的土地是自留地，不是承包地，但自留地是集体所有、由农民长期使用的农村土地，其经营权利的取得、流转同样要受《土地管理法》、《农村土地承包法》调整，并无特别规定。

2. 娄某某与某村村民委员会返还土地纠纷上诉案（河南省新乡市中级人民法院民事判决书〔2010〕新中民四终字第271号）

案件适用要点：农村土地属于农民集体所有，依法属于农民集体所有的土地由村集体经济组织或村民委员会经营、管理。当事人双方所争议的土地依法应归村集体所有，由该村村委会经营、管理、使用。村民可以通过承包方式取得土地的承包经营权，若村民未与该村村委会签订土地承包合同耕种该地，又未向村委会交纳承包费等费用，其没有合法根据无偿使用村委会的土地，其行为侵害了村集体的合法权益，该村民应当退还土地，并应当赔偿损失。

第十条　土地使用权

国有土地和农民集体所有的土地，可以依法确定给单位或者个人使用。使用土地的单位和个人，有保护、管理和合理利用土地的义务。

▶理解与适用

本条是关于土地使用权的规定，体现了土地的所有权和使用权相分离的基本原则。虽然国家和农民集体拥有土地，但是政府机构、企事业单位、社会团体、个人等都可以在符合法律规定的情况下，办理相关手续，取得合理利用土地的权利并获取收益，这并不意味着其对土地的使用可以不受任何限制，还是应当承担保护、管理和合理利用土地的义务，根据土地的自然属性和经济属性的不同，科学使用土地，防止水土流失和盐渍化。

［国有土地依法确定给单位或个人使用的方式］

（1）土地划拨。即土地使用者只需按照一定程序提出申请，经法定机关批准即可取得土地使用权，无须向土地所有者交付土地使用权出让费用。（2）土地使用权出让。即国家以土地所有者的身份将土地使用权在一定年限内让与土地使用者，并由土地使用者向国家支付土地使用权出让金的行为。土地使用权出让应当签订出让合同。

［国有土地依法确定给单位或个人使用后，其使用权可否进入市场流转］

根据《城镇国有土地使用权出让和转让暂行条例》的相关规定，以出让方式有偿取得的土地使用权可以依法转让、出租、抵押或继承。而根据该条例第44条的规定，除法定的特殊情况外，以土地划拨方式无偿取得的土地使用权则不得进入市场交易或流转。但是，根据该条例第45条的规定，符合下列条件的，经市、县人民政府自然资源主管部门和房产管理部门批准，其划拨土地使用权和地上建筑物、其他附着物所有权可以转让、出租、抵押：（1）土地使用者为公司、企业、其他经济组织和个人；（2）领有国有土地使用证；（3）具有地上建筑物、其他附着物合法的产权证明；（4）依法签订土地使用权出让合同，向当地市、县人民政府补交土地使用权出让金或者以转让、出租、抵押所获收益抵交土地使用权出让金。

通过土地划拨方式取得的国有土地使用权，必须依法转变为出让土地使用权之后，方可进入市场交易或流转。

▶条文参见

《民法典》第 324 条；《农村土地承包法》第 2、21 条；《城市房地产管理法》第 2 条；《城镇国有土地使用权出让和转让暂行条例》第 13、44、45 条

▶典型案例指引

1. 杨延虎等贪污案（最高人民法院指导案例 11 号）

案件适用要点：土地使用权具有财产性利益，属于刑法第三百八十二条第一款规定中的"公共财物"，可以成为贪污的对象。

2. 山西 A 房地产开发有限公司与 B 重型机械（集团）有限公司土地使用权转让合同纠纷案（《中华人民共和国最高人民法院公报》2008 年第 3 期）

案件适用要点：划拨土地，指土地使用者通过除出让土地使用权以外的其他各种方式依法取得的国有土地。根据最高人民法院《关于审理涉及国有土地使用权合同纠纷案件适用法律问题的解释》第九条规定："转让方未取得出让土地使用权证书与受让方订立合同转让土地使用权，起诉前转让方已经取得出让土地使用权证书或者有批准权的人民政府同意转让的，应当认定合同有效。"对于划拨的土地，即使转让方在签署合同时无土地使用权证，也不导致合同必然无效，只要转让方在起诉之前取得土地使用权证的，或者有批准权的政府主管部门同意转让的，合同是双方的真实意思表示，不存在规避法律，损害国家利益的行为，应认定该合同是合法有效的。本案中，《协议书》是双方在平等的基础上，自愿协商达成的协议，是双方真实的意思表示。《协议书》不仅详细地约定了所转让土地的面积、价格、付款方式、违约责任，还具体约定了双方权利义务及履行程序。《协议书》签订时，A 公司及 B 公司均知道该宗土地属于划拨用地，所以在《协议书》第三条 8 约定：由 B 公司负责办理土地出让手续；第三条 9 约定：B 公司土地出让手续办理完毕，即为 A 公司办理土地使用权转让手续。这一缔约

行为并没有规避法律损害国家利益，事实上，B公司和A公司正是按照上述约定完成该宗土地转让的。因此，《协议书》合法有效。

第十一条　集体所有土地的经营和管理

> 农民集体所有的土地依法属于村农民集体所有的，由村集体经济组织或者村民委员会经营、管理；已经分别属于村内两个以上农村集体经济组织的农民集体所有的，由村内各该农村集体经济组织或者村民小组经营、管理；已经属于乡（镇）农民集体所有的，由乡（镇）农村集体经济组织经营、管理。

▶理解与适用

考虑到过去的"三级所有，队为基础"的基本生产队模式，本条将农民集体所有土地的经营、管理分为三种情况：农民集体所有的土地依法属于村农民集体所有的，由村集体经济组织或者村民委员会经营、管理。已经分别属于村内两个以上农村集体经济组织的农民集体所有的，由村内各该农村集体经济组织或者村民小组经营、管理。已经属于乡（镇）农民集体所有的，由乡（镇）农村集体经济组织经营、管理。对于前两种情况，有集体经济组织的就由集体经济组织经营、管理，集体经济组织已经不健全的，应当由现在的村民自治组织——村民委员会或村民小组来经营、管理。对于第三种情况，则直接由乡（镇）农村集体经济组织经营、管理。

▶条文参见

《民法典》第262条；《国务院法制办公室关于供销合作社能否享有集体土地所有权问题的复函》；《农村土地承包法》第13条

第十二条　土地所有权和使用权登记

土地的所有权和使用权的登记，依照有关不动产登记的法律、行政法规执行。

依法登记的土地的所有权和使用权受法律保护，任何单位和个人不得侵犯。

▶理解与适用

本条所讲的土地所有权是指土地所有者在法律规定的范围内对其所有的土地享有占有、使用、收益和处分的权利。包括国有土地所有权和农民集体土地所有权。本条所讲的使用权是指土地使用权人对依法取得的土地享有占有、使用、收益和依法处分的权利。包括对国有土地和对农民集体土地的使用权。

《民法典》第349条规定，设立建设用地使用权的，应当向登记机构申请建设用地使用权登记。建设用地使用权自登记时设立。登记机构应当向建设用地使用权人发放权属证书。第355条规定，建设用地使用权转让、互换、出资或者赠与的，应当向登记机构申请变更登记。第360条规定，建设用地使用权消灭的，出让人应当及时办理注销登记。登记机构应当收回权属证书。同时，还对不动产登记应提供的必要资料、登记的效力、不动产登记簿效力及其管理机构、不动产登记簿与不动产权属证书的关系、不动产更正登记和异议登记等作出了规定。

《农村土地承包法》对土地承包经营权和土地经营权登记作出了规定，第24条规定，国家对耕地、林地和草地等实行统一登记，登记机构应当向承包方颁发土地承包经营权证或者林权证等证书，并登记造册，确认土地承包经营权。第35条规定，土地承包经营权互换、转让的，当事人可以向登记机构申请登记。未经登记，不得对抗善意第三人。第41条规定，土地经营权流转期限为5年以上的，当事人可以向登记机构申请土

14

地经营权登记。未经登记，不得对抗善意第三人。

[集体土地所有权登记]

集体土地所有权登记，依照下列规定提出申请：（1）土地属于村农民集体所有的，由村集体经济组织代为申请，没有集体经济组织的，由村民委员会代为申请；（2）土地分别属于村内两个以上农民集体所有的，由村内各集体经济组织代为申请，没有集体经济组织的，由村民小组代为申请；（3）土地属于乡（镇）农民集体所有的，由乡（镇）集体经济组织代为申请。申请集体土地所有权首次登记的，应当提交下列材料：（1）土地权属来源材料；（2）权籍调查表、宗地图以及宗地界址点坐标；（3）其他必要材料。

[国有建设用地使用权登记]

依法取得国有建设用地使用权，可以单独申请国有建设用地使用权登记。依法利用国有建设用地建造房屋的，可以申请国有建设用地使用权及房屋所有权登记。申请国有建设用地使用权首次登记，应当提交下列材料：（1）土地权属来源材料；（2）权籍调查表、宗地图以及宗地界址点坐标；（3）土地出让价款、土地租金、相关税费等缴纳凭证；（4）其他必要材料。上述规定的土地权属来源材料，根据权利取得方式的不同，包括国有建设用地划拨决定书、国有建设用地使用权出让合同、国有建设用地使用权租赁合同以及国有建设用地使用权作价出资（入股）、授权经营批准文件。申请在地上或者地下单独设立国有建设用地使用权登记的，按照上述规定办理。申请国有建设用地使用权及房屋所有权首次登记的，应当提交下列材料：（1）不动产权属证书或者土地权属来源材料；（2）建设工程符合规划的材料；（3）房屋已经竣工的材料；（4）房地产调查或者测绘报告；（5）相关税费缴纳凭证；（6）其他必要材料。

[依法登记的土地所有权和使用权受到侵害时的救济途径]

（1）行政救济途径。当土地所有权人和使用权人的权利受侵害时，可以请求行政机关给予保护，或作出处理。(2) 司法救济途径。当土地所有权人和使用权人的权利受侵害时，受害人可以通过以下途径寻求司法救济：①通过确权之诉来解决。即自己的权利与他人发生归属争议时，请求法院确认权利的存在与归属。②通过给付之诉来解决。即当义务人不履行自己的义务时，权利人可请求法院责令义务人履行自己的义务。③通过变更之诉来解决。即权利人要求变动已经存在的权利时，请求法院依法予以变更。

▶条文参见

《民法典》第349、355、360条；《农村土地承包法》第24、35、41条；《不动产登记暂行条例》；《不动产登记暂行条例实施细则》

第十三条　土地承包经营

农民集体所有和国家所有依法由农民集体使用的耕地、林地、草地，以及其他依法用于农业的土地，采取农村集体经济组织内部的家庭承包方式承包，不宜采取家庭承包方式的荒山、荒沟、荒丘、荒滩等，可以采取招标、拍卖、公开协商等方式承包，从事种植业、林业、畜牧业、渔业生产。家庭承包的耕地的承包期为三十年，草地的承包期为三十年至五十年，林地的承包期为三十年至七十年；耕地承包期届满后再延长三十年，草地、林地承包期届满后依法相应延长。

国家所有依法用于农业的土地可以由单位或者个人承包经营，从事种植业、林业、畜牧业、渔业生产。

发包方和承包方应当依法订立承包合同，约定双方的权利和义务。承包经营土地的单位和个人，有保护和按照承包合同约定的用途合理利用土地的义务。

▶理解与适用

本条分别对农村土地的家庭承包及承包的期限,"四荒地"等其他农村土地的承包,国有农用地的承包经营,以及订立承包合同并履行保护和合理利用土地义务作出了规定。

为与农村土地承包法的内容相衔接,本条第1款一是明确土地承包经营权的客体:农民集体所有的土地和国家所有依法由农民集体使用的耕地、林地、草地,以及其他依法用于农业的土地。二是明确土地承包经营权的主体:对一般农用地而言,以家庭承包方式设立的土地承包经营权,其主体必须是本集体经济组织成员所组成的农户,具有特定的身份性;"四荒地"(荒山、荒沟、荒丘和荒滩)土地承包人则无身份限制,除了本集体经济组织成员,其他集体经济组织成员以及城镇居民或组织也可作为承包人,在同等条件下,本集体经济组织成员享有优先承包权。三是土地承包经营的方式为以采取农村集体经济组织内部的家庭承包方式承包为主,不宜采取家庭承包方式的"四荒地"等,可以采取招标、拍卖、公开协商等方式承包。四是明确土地承包经营合同的期限。

本条第2款规定,国家所有依法用于农业的土地可以由单位或者个人承包经营,从事种植业、林业、畜牧业、渔业生产。国有土地承包经营应根据本条规定和其他有关法律的规定订立承包经营合同,约定双方的权利和义务。

本条第3款一是规定,发包方和承包方应当依法订立承包合同。承包合同是明确发包方、承包方的权利义务关系并具有法律效力的文书,是承包方依法承包国家和集体所有土地的合法依据,是约定当事人双方权利义务的重要凭证。本条规定的承包合同,包括农村土地家庭承包合同、其他方式承包的土地承包合同和国有农用地承包经营合同三种。承包合同一般包括以下条款:发包方、承包方的名称,发包方负责人和承包方代表的姓名、住所;承包土地的名称、坐落、面积、质量等级;承包期限和起止日期;承包土地的用途;发包方和承包方的权利和义务；违约责任等。承包合同自成立之日起生效。承包方自承包合同生效时取得土地承包经营权。二是规定承包经营土地的单位和个人，有保护和按照承包合同约定的用途合理利用土地的义务。

▶条文参见

《民法典》第261条；《农村土地承包法》第14－18、21－23条；《农村土地经营权流转管理办法》

▶典型案例指引

1. 周某某不服某市人民政府注销土地承包经营权证决定被驳回案（江苏省常州市中级人民法院〔2012〕常行终字第119号）

案件适用要点：《农村土地承包法》第三十二条规定："通过家庭承包取得的土地承包经营权可以依法采取转包、出租、互换、转让或者其他方式流转。"但土地使用权的流转并不改变农户对集体土地原始的承包权利。农户在第一轮承包中享有的承包权在第二轮承包中继续保持稳定，在二轮承包中需要对土地承包经营进行调整的，调整方案须经村民大会或村民代表三分之二以上成员同意，并报相关政府主管部门审批。以流转方式获得承包土地一定年限内使用权的一方，仅属土地承包经营权的受让主体，颁证机关为其颁发土地承包经营权证，属发证对象错误，颁证机关有权进行自我纠正，注销该土地承包经营权证。

2. 王某荣与何某云、王某胜等农村土地承包经营权纠纷案（最高人民法院公布保障民生第二批典型案例之一）

案件适用要点：王某荣作为城市居民，在二轮土地延包中不享有土地承包经营权。第一，王某荣于1992年1月将户口从王某学家迁至白城市新立派出所辖区内落户。《农村土地承包法》第二十六条第三款规定："承包期内，承包方全家迁入设区的市，转为非农业户口的，应当将承包的耕地和草地交回发包方。承包方不交回的，发包方可以收回承包的耕地和草地。"

可见迁入设区的市、转为非农业户口,是丧失农村土地承包经营权的条件。由于目前我国法律没有对农村居民个人丧失土地承包经营权的条件作出明确具体的规定,因此,只能比照法律中最相类似的条款进行认定,上述规定应当成为认定在第二轮土地承包中,王某荣是否对王某学家承包的土地享有承包经营权的法律依据。此时王某荣的户口已经迁入设区的市,成为城市居民,因此不应再享有农村土地承包经营权。当地第二轮土地承包仍依照土地承包法第十五条之规定,以本集体经济组织的农户为单位。延包的含义是只丈量土地,不进行调整。符合增人不增地、减人不减地的政策。王某荣此时已不是王某学家庭成员,在二轮土地延包中不享有土地承包经营权。第二,《农村土地承包经营权证》是民事案件中认定当事人是否具有农村土地承包经营权的重要依据。

第十四条　土地所有权和使用权争议解决

土地所有权和使用权争议,由当事人协商解决;协商不成的,由人民政府处理。

单位之间的争议,由县级以上人民政府处理;个人之间、个人与单位之间的争议,由乡级人民政府或者县级以上人民政府处理。

当事人对有关人民政府的处理决定不服的,可以自接到处理决定通知之日起三十日内,向人民法院起诉。

在土地所有权和使用权争议解决前,任何一方不得改变土地利用现状。

▶理解与适用

[土地权属的争议]

土地权属的争议既有可能是关于土地的所有权,也有可能是关于土地的使用权而发生的争议。在发生权属争议时,争议双方应当先行协商,将纠纷尽快以最低成本解决;若协商不成,再交由人民政府处理。

[不能作为土地权属争议案件受理的案件]

土地侵权案件;行政区域边界争议案件;土地违法案件;农村土地承包经营权争议案件等。

[当事人协商解决土地权属争议时应注意的问题]

当事人采取协商方式解决土地权属争议时,必须把握以下几点:(1)协商必须是当事人自愿进行,而不得强迫进行;(2)不得损害第三方(包括国家)的合法利益,否则当事人之间达成的协议无效或部分无效;(3)要避免久拖不决,协商不成的,应及时申请人民政府处理。

▶条文参见

《农村土地承包法》第四章;《土地权属争议调查处理办法》第14条;《自然资源行政复议规定》;《行政复议法》第2、9条;《行政诉讼法》第2、45、46条

▶典型案例指引

1. 王某才与符某某等农村土地承包合同纠纷案(北京市平谷区人民法院民事判决书〔2018〕京0117民初3475号)

案件适用要点:对王某才要求确认其对案涉土地享有承包经营权之诉讼请求,《中华人民共和国土地管理法》第十四条规定,土地所有权和使用权争议,由当事人协商解决;协商不成的,由人民政府处理。单位之间的争议,由县级以上人民政府处理;个人之间、个人与单位之间的争议,由乡级人民政府或者县级以上人民政府处理。因本案当事人对案涉土地范围存在争议,应由人民政府处理。在人民政府处理前,人民法院无权在民事诉讼中对该争议进行处理,故王某才该诉讼请求不属于人民法院民事诉讼的受案范围。

2. 陕西省某市某基督教堂诉某市人民政府不履行土地行政确权法定职责案(陕西省高级人民法院行政判决书〔2016〕陕

行终218号）

案件适用要点：具有土地行政确权法定职责的行政机关，依申请对土地权属争议双方作出的确权批复被法院依法撤销后，该土地权属争议仍然存在，无需争议当事人另行提起确权申请，行政机关应当继续履行土地行政确权法定职责。

第三章 土地利用总体规划

第十五条 土地利用总体规划的编制依据和规划期限

各级人民政府应当依据国民经济和社会发展规划、国土整治和资源环境保护的要求、土地供给能力以及各项建设对土地的需求，组织编制土地利用总体规划。

土地利用总体规划的规划期限由国务院规定。

▶理解与适用

土地利用总体规划是在一定区域内，根据国家社会经济可持续发展的要求和当地自然、经济、社会条件，对土地的开发、利用、治理、保护在空间上、时间上所作的总体安排和布局。土地利用总体规划是国土空间规划体系的重要组成内容，是实施土地用途管制、保护土地资源，统筹各类土地利用活动的重要依据。

第十六条 土地利用总体规划的编制要求

下级土地利用总体规划应当依据上一级土地利用总体规划编制。

地方各级人民政府编制的土地利用总体规划中的建设用地总量不得超过上一级土地利用总体规划确定的控制指标，耕地保有量不得低于上一级土地利用总体规划确定的控制指标。

省、自治区、直辖市人民政府编制的土地利用总体规划，应当确保本行政区域内耕地总量不减少。

▶条文参见

《中共中央、国务院关于建立国土空间规划体系并监督实施的若干意见》

第十七条　土地利用总体规划的编制原则

土地利用总体规划按照下列原则编制：
（一）落实国土空间开发保护要求，严格土地用途管制；
（二）严格保护永久基本农田，严格控制非农业建设占用农用地；
（三）提高土地节约集约利用水平；
（四）统筹安排城乡生产、生活、生态用地，满足乡村产业和基础设施用地合理需求，促进城乡融合发展；
（五）保护和改善生态环境，保障土地的可持续利用；
（六）占用耕地与开发复垦耕地数量平衡、质量相当。

第十八条　国土空间规划

国家建立国土空间规划体系。编制国土空间规划应当坚持生态优先，绿色、可持续发展，科学有序统筹安排生态、农业、城镇等功能空间，优化国土空间结构和布局，提升国土空间开发、保护的质量和效率。

经依法批准的国土空间规划是各类开发、保护、建设活动的基本依据。已经编制国土空间规划的，不再编制土地利用总体规划和城乡规划。

▶理解与适用

国土空间规划是对一定区域国土空间开发保护在空间和时间上作出的安排，包括总体规划、详细规划和相关专项规划。国家、省、市、县编制国土空间总体规划，各地结合实际编制乡镇国土空间规划。相关专项规划是指在特定区域（流域）、特定领域，为体现特定功能，对空间开发保护利用作出的专门安排，是涉及空间利用的专项规划。国土空间总体规划是详细规划的依据、相关专项规划的基础；相关专项规划要相互协同，并与详细规划做好衔接。

建立国土空间规划体系是党中央、国务院作出的重大决策部署。中央明确要求，要建立国土空间规划体系并监督实施，将主体功能区规划、土地利用总体规划、城乡规划等空间规划融合为统一的国土空间规划，实现"多规合一"，强化国土空间规划对各专项规划的指导约束作用。

国土空间规划应当细化落实国家发展规划提出的国土空间开发保护要求，统筹布局农业、生态、城镇等功能空间，划定落实永久基本农田、生态保护红线和城镇开发边界。国土空间规划应当包括国土空间开发保护格局和规划用地布局、结构、用途管制要求等内容，明确耕地保有量、建设用地规模、禁止开垦的范围等要求，统筹基础设施和公共设施用地布局，综合利用地上地下空间，合理确定并严格控制新增建设用地规模，提高土地节约集约利用水平，保障土地的可持续利用。

土地开发、保护、建设活动应当坚持规划先行。经依法批准的国土空间规划是各类开发、保护、建设活动的基本依据。已经编制国土空间规划的，不再编制土地利用总体规划和城乡规划。在编制国土空间规划前，经依法批准的土地利用总体规划和城乡规划继续执行。

▶条文参见

《土地管理法实施条例》第二章；《中共中央、国务院关于

建立国土空间规划体系并监督实施的若干意见》；《自然资源部关于全面开展国土空间规划工作的通知》

第十九条　县、乡级土地利用总体规划的编制要求

县级土地利用总体规划应当划分土地利用区，明确土地用途。

乡（镇）土地利用总体规划应当划分土地利用区，根据土地使用条件，确定每一块土地的用途，并予以公告。

第二十条　土地利用总体规划的审批

土地利用总体规划实行分级审批。

省、自治区、直辖市的土地利用总体规划，报国务院批准。

省、自治区人民政府所在地的市、人口在一百万以上的城市以及国务院指定的城市的土地利用总体规划，经省、自治区人民政府审查同意后，报国务院批准。

本条第二款、第三款规定以外的土地利用总体规划，逐级上报省、自治区、直辖市人民政府批准；其中，乡（镇）土地利用总体规划可以由省级人民政府授权的设区的市、自治州人民政府批准。

土地利用总体规划一经批准，必须严格执行。

▶条文参见

《中共中央、国务院关于建立国土空间规划体系并监督实施的若干意见》

第二十一条　建设用地的要求

城市建设用地规模应当符合国家规定的标准，充分利用现有建设用地，不占或者尽量少占农用地。

> 城市总体规划、村庄和集镇规划，应当与土地利用总体规划相衔接，城市总体规划、村庄和集镇规划中建设用地规模不得超过土地利用总体规划确定的城市和村庄、集镇建设用地规模。
>
> 在城市规划区内、村庄和集镇规划区内，城市和村庄、集镇建设用地应当符合城市规划、村庄和集镇规划。

▶理解与适用

　　土地利用总体规划与城镇总体规划各自的任务不同。从土地利用的角度看，城市总体规划、村庄和集镇规划应当服从土地利用总体规划对建设用地规模的安排。城市总体规划、村庄和集镇规划应当与土地利用总体规划相衔接。新的国土空间规划编制实施后，不再编制土地利用总体规划和城乡规划，将彻底解决过去规划之间的不协调问题。

▶条文参见

　　《国务院关于促进节约集约用地的通知》

第二十二条　相关规划与土地利用总体规划的衔接

> 江河、湖泊综合治理和开发利用规划，应当与土地利用总体规划相衔接。在江河、湖泊、水库的管理和保护范围以及蓄洪滞洪区内，土地利用应当符合江河、湖泊综合治理和开发利用规划，符合河道、湖泊行洪、蓄洪和输水的要求。

▶条文参见

　　《水法》第14、15条；《防洪法》第9–11条

第二十三条　土地利用年度计划

各级人民政府应当加强土地利用计划管理，实行建设用地总量控制。

土地利用年度计划，根据国民经济和社会发展计划、国家产业政策、土地利用总体规划以及建设用地和土地利用的实际状况编制。土地利用年度计划应当对本法第六十三条规定的集体经营性建设用地作出合理安排。土地利用年度计划的编制审批程序与土地利用总体规划的编制审批程序相同，一经审批下达，必须严格执行。

第二十四条　土地利用年度计划执行情况报告

省、自治区、直辖市人民政府应当将土地利用年度计划的执行情况列为国民经济和社会发展计划执行情况的内容，向同级人民代表大会报告。

第二十五条　土地利用总体规划的修改

经批准的土地利用总体规划的修改，须经原批准机关批准；未经批准，不得改变土地利用总体规划确定的土地用途。

经国务院批准的大型能源、交通、水利等基础设施建设用地，需要改变土地利用总体规划的，根据国务院的批准文件修改土地利用总体规划。

经省、自治区、直辖市人民政府批准的能源、交通、水利等基础设施建设用地，需要改变土地利用总体规划的，属于省级人民政府土地利用总体规划批准权限内的，根据省级人民政府的批准文件修改土地利用总体规划。

第二十六条　土地调查

国家建立土地调查制度。

县级以上人民政府自然资源主管部门会同同级有关部门进行土地调查。土地所有者或者使用者应当配合调查，并提供有关资料。

▶理解与适用

土地调查包括下列内容：（1）土地利用现状及变化情况，包括地类、位置、面积、分布等状况；（2）土地权属及变化情况，包括土地的所有权和使用权状况；（3）土地条件，包括土地的自然条件、社会经济条件等状况。进行土地利用现状及变化情况调查时，应当重点调查永久基本农田现状及变化情况，包括永久基本农田的数量、分布和保护状况。

全国土地调查成果，报国务院批准后向社会公布。地方土地调查成果，经本级人民政府审核，报上一级人民政府批准后向社会公布。全国土地调查成果公布后，县级以上地方人民政府方可自上而下逐级依次公布本行政区域的土地调查成果。土地调查成果是编制国土空间规划以及自然资源管理、保护和利用的重要依据。土地调查技术规程由国务院自然资源主管部门会同有关部门制定。

▶条文参见

《土地管理法实施条例》第4条；《土地调查条例》；《土地调查条例实施办法》

第二十七条　土地分等定级

县级以上人民政府自然资源主管部门会同同级有关部门根据土地调查成果、规划土地用途和国家制定的统一标准，评定土地等级。

▶理解与适用

评定土地等级又称为土地的分等定级,是根据土地的自然属性和经济属性及其在社会经济活动中的地位、作用,进行调查、测算后确定土地质量和价值的评估活动。科学评定、划分土地等级为制定有关规划、计划和有偿使用土地提供了依据。国务院自然资源主管部门会同有关部门制定土地等级评定标准。县级以上人民政府自然资源主管部门应当会同有关部门根据土地等级评定标准,对土地等级进行评定。地方土地等级评定结果经本级人民政府审核,报上一级人民政府自然资源主管部门批准后向社会公布。根据国民经济和社会发展状况,土地等级每5年重新评定一次。

▶条文参见

《土地管理法实施条例》第5条

第二十八条　土地统计

国家建立土地统计制度。

县级以上人民政府统计机构和自然资源主管部门依法进行土地统计调查,定期发布土地统计资料。土地所有者或者使用者应当提供有关资料,不得拒报、迟报,不得提供不真实、不完整的资料。

统计机构和自然资源主管部门共同发布的土地面积统计资料是各级人民政府编制土地利用总体规划的依据。

▶条文参见

《统计法》第7、23、24、41条

第二十九条　土地利用动态监测

国家建立全国土地管理信息系统,对土地利用状况进行动态监测。

▶理解与适用

县级以上人民政府自然资源主管部门应当加强信息化建设，建立统一的国土空间基础信息平台，实行土地管理全流程信息化管理，对土地利用状况进行动态监测，与发展改革、住房和城乡建设等有关部门建立土地管理信息共享机制，依法公开土地管理信息。

▶条文参见

《土地管理法实施条例》第6、7条

第四章 耕地保护

第三十条　占用耕地补偿制度

国家保护耕地，严格控制耕地转为非耕地。

国家实行占用耕地补偿制度。非农业建设经批准占用耕地的，按照"占多少，垦多少"的原则，由占用耕地的单位负责开垦与所占用耕地的数量和质量相当的耕地；没有条件开垦或者开垦的耕地不符合要求的，应当按照省、自治区、直辖市的规定缴纳耕地开垦费，专款用于开垦新的耕地。

省、自治区、直辖市人民政府应当制定开垦耕地计划，监督占用耕地的单位按照计划开垦耕地或者按照计划组织开垦耕地，并进行验收。

▶理解与适用

本条规定了我国对耕地实行保护的制度、占用耕地补偿制度，以及占补平衡原则。国家为了遏制耕地每年大量减少的趋势，维持耕地总量的动态平衡，不仅实行严格的土地用途管制制度，还采取了占用耕地补偿制度作为救济措施。市、县人民政府、农村集体经济组织和建设单位，在国土空间规划确定的城市和村庄、集镇建设用地范围内，经依法批准占用耕地，以及在国土空间规划确定的城市和村庄、集镇建设用地范围外的能源、交通、水利、矿山、军事设施等建设项目经依法批准占用耕地的，无论基于营利或非营利的原因，都要履行补偿义务，开垦与其占用耕地的数量和质量相当的新的耕地。

[补充耕地的具体责任人的确定]

补充耕地的责任人是占用耕地的单位，具体有以下三种情形：(1) 城市建设用地范围内，由政府统一征收后再进行出让的，补充耕地的责任人是地方人民政府。(2) 城市建设用地范围外，单独选址进行建设的，补充耕地的责任人是建设单位，市、县人民政府应当做好监管。(3) 村庄、集镇建设占用耕地的，补充耕地责任人是农村集体经济组织，市、县人民政府应当做好监管。

[占用耕地的单位补偿]

补偿的方法有两个：(1) 按照"占多少，垦多少"的原则，由占用耕地的单位负责开垦与所占用耕地的数量和质量相当的耕地。其具体要求有：其一，耕地数量不能减少，新开垦的耕地要与其所占用的耕地数量相当。其二，对于没有荒地后备资源的地方，也可以采取改造中低产田，使之成为质量较好的耕地的办法达到补足数量的目的。如可以用大于其所占耕地面积的中低产田的面积来补足（以产量折算的方法）。其三，新开垦的耕地要与其所占用的耕地质量相当。(2) 没有条件开垦或者开垦的耕地不符合要求的，应当按照省、自治区、直辖市的规定缴纳耕地开垦费，专款用于开垦新的耕地。

省、自治区、直辖市人民政府应当组织自然资源主管部门、农业农村主管部门对开垦的耕地进行验收，确保开垦的耕地落实到地块。划入永久基本农田的还应当纳入国家永久基本农田数据库严格管理。占用耕地补充情况应当按照国家有关规定向社会公布。

▶条文参见

《土地管理法实施条例》第8条；《中共中央、国务院关于加强耕地保护和改进占补平衡的意见》

第三十一条　**耕地耕作层土壤的保护**

县级以上地方人民政府可以要求占用耕地的单位将所占用耕地耕作层的土壤用于新开垦耕地、劣质地或者其他耕地的土壤改良。

▶理解与适用

耕地耕作层是指经农业生产生活活动的长期影响和改造，土壤不断熟化，耕性得到改善，肥力得到提高而形成的适用于农作物生长，厚度为30-50厘米的表土层。对有条件再利用的耕作层，要注重收集、运输和保护，用于新开垦的耕地或荒地的土壤改良，保证耕地再开垦的质量。

县级以上地方人民政府应当采取措施，预防和治理耕地土壤流失、污染，有计划地改造中低产田，建设高标准农田，提高耕地质量，保护黑土地等优质耕地，并依法对建设所占用耕地耕作层的土壤利用作出合理安排。非农业建设依法占用永久基本农田的，建设单位应当按照省、自治区、直辖市的规定，将所占用耕地耕作层的土壤用于新开垦耕地、劣质地或者其他耕地的土壤改良。县级以上地方人民政府应当加强对农业结构调整的引导和管理，防止破坏耕地耕作层；设施农业用地不再使用的，应当及时组织恢复种植条件。

▶条文参见

《土地管理法实施条例》第11条

第三十二条　**省级政府耕地保护责任**

省、自治区、直辖市人民政府应当严格执行土地利用总体规划和土地利用年度计划，采取措施，确保本行政区域内耕地总量不减少、质量不降低。耕地总量减少的，由国务院责令在规定期限内组织开垦与所减少耕地的数量与质量相当的耕地；耕地质量降低的，由国务院责令在规定期限内组织整治。新开垦和整治的耕地由国务院自然资源主管部门会同农业农村主管部门验收。

个别省、直辖市确因土地后备资源匮乏，新增建设用地后，新开垦耕地的数量不足以补偿所占用耕地的数量的，必须报经国务院批准减免本行政区域内开垦耕地的数量，易地开垦数量和质量相当的耕地。

▶理解与适用

以省、自治区、直辖市为单位实行耕地总量和质量平衡，实行的是省级政府负责制。省、自治区、直辖市人民政府对本行政区域耕地保护负总责，其主要负责人是本行政区域耕地保护的第一责任人。省、自治区、直辖市人民政府应当将国务院确定的耕地保有量和永久基本农田保护任务分解下达，落实到具体地块。国务院对省、自治区、直辖市人民政府耕地保护责任目标落实情况进行考核。对于省级人民政府没有切实履行耕地保护责任的，国务院将及时采取措施。本条规定突出了对耕地质量的保护与提升，明确各省级人民政府的耕地保护责任，不仅仅是保护耕地数量，更重要的是要保护和提升耕地质量。

▶条文参见

《土地管理法实施条例》第13条；《中共中央、国务院关于加强耕地保护和改进占补平衡的意见》

第三十三条　永久基本农田保护制度

国家实行永久基本农田保护制度。下列耕地应当根据土地利用总体规划划为永久基本农田，实行严格保护：

（一）经国务院农业农村主管部门或者县级以上地方人民政府批准确定的粮、棉、油、糖等重要农产品生产基地内的耕地；

（二）有良好的水利与水土保持设施的耕地，正在实施改造计划以及可以改造的中、低产田和已建成的高标准农田；

（三）蔬菜生产基地；

（四）农业科研、教学试验田；

（五）国务院规定应当划为永久基本农田的其他耕地。

各省、自治区、直辖市划定的永久基本农田一般应当占本行政区域内耕地的百分之八十以上，具体比例由国务院根据各省、自治区、直辖市耕地实际情况规定。

▶理解与适用

永久基本农田，是指根据一定时期人口和社会经济发展对农产品的需求以及对建设用地的预测，依据国土空间规划确定的不得擅自占用或改变用途并实行特殊保护的耕地。永久基本农田的划定主要是为了对耕地实行特殊保护。对于那些影响国民经济及农业发展的重点耕地，必须划入永久基本农田，实行严格保护。

▶条文参见

《基本农田保护条例》第2、8-11条；《中共中央、国务院关于加强耕地保护和改进占补平衡的意见》

第三十四条　永久基本农田划定

永久基本农田划定以乡（镇）为单位进行，由县级人民政府自然资源主管部门会同同级农业农村主管部门组织实施。永久基本农田应当落实到地块，纳入国家永久基本农田数据库严格管理。

乡（镇）人民政府应当将永久基本农田的位置、范围向社会公告，并设立保护标志。

▶条文参见

《基本农田保护条例》第 11 - 13 条;《基本农田与土地整理标识使用和有关标志牌设立规定》

第三十五条　永久基本农田的保护措施

永久基本农田经依法划定后,任何单位和个人不得擅自占用或者改变其用途。国家能源、交通、水利、军事设施等重点建设项目选址确实难以避让永久基本农田,涉及农用地转用或者土地征收的,必须经国务院批准。

禁止通过擅自调整县级土地利用总体规划、乡(镇)土地利用总体规划等方式规避永久基本农田农用地转用或者土地征收的审批。

▶理解与适用

永久基本农田一经划定,任何单位和个人不得擅自占用或者擅自改变用途。按有关要求,重大建设项目选址确实难以避让永久基本农田的,农用地转用和土地征收必须报国务院审批。这意味着,除了国家重点建设项目,如交通、能源、水利、军事设施等项目经批准可以占用永久基本农田外,其他项目一律不得占用永久基本农田。占用永久基本农田,审批的层级为国务院,其他任何部门都无权批准。

▶条文参见

《基本农田保护条例》第 14 - 16 条;《中共中央、国务院关于加强耕地保护和改进占补平衡的意见》

第三十六条　耕地质量保护

各级人民政府应当采取措施,引导因地制宜轮作休耕,改良土壤,提高地力,维护排灌工程设施,防止土地荒漠化、盐渍化、水土流失和土壤污染。

▶条文参见

《土壤污染防治法》;《探索实行耕地轮作休耕制度试点方案》;《中共中央办公厅、国务院办公厅关于创新体制机制推进农业绿色发展的意见》

第三十七条　非农业建设用地原则及禁止破坏耕地

> 非农业建设必须节约使用土地,可以利用荒地的,不得占用耕地;可以利用劣地的,不得占用好地。
>
> 禁止占用耕地建窑、建坟或者擅自在耕地上建房、挖砂、采石、采矿、取土等。
>
> 禁止占用永久基本农田发展林果业和挖塘养鱼。

▶理解与适用

国家对耕地实行特殊保护,严守耕地保护红线,严格控制耕地转为林地、草地、园地等其他农用地,并建立耕地保护补偿制度,具体办法和耕地保护补偿实施步骤由国务院自然资源主管部门会同有关部门规定。非农业建设必须节约使用土地,可以利用荒地的,不得占用耕地;可以利用劣地的,不得占用好地。禁止占用耕地建窑、建坟或者擅自在耕地上建房、挖砂、采石、采矿、取土等。禁止占用永久基本农田发展林果业和挖塘养鱼。耕地应当优先用于粮食和棉、油、糖、蔬菜等农产品生产。按照国家有关规定需要将耕地转为林地、草地、园地等其他农用地的,应当优先使用难以长期稳定利用的耕地。

▶条文参见

《土地管理法实施条例》第12条

▶典型案例指引

郭某某与黄某某确认合同无效纠纷案(吉林省松原市中级人民法院二审民事判决书〔2019〕吉07民终1843号)

案件适用要点:依照《中华人民共和国土地管理法》第三

十七条规定："非农业建设必须节约使用土地，可以利用荒地的，不得占用耕地；可以利用劣地的，不得占用好地。禁止占用耕地建窑、建坟或者擅自在耕地上建房、挖砂、采石、采矿、取土等。禁止占用永久基本农田发展林果业和挖塘养鱼。"黄某某自认在案涉土地上建造起了房屋，并将房屋所有权登记在石某某名下，土地用途已被改变。故依照《中华人民共和国合同法》第五十二条规定，郭某某与黄某某于2004年签订的《协议书》因违反法律的强制性规定而无效。

第三十八条　非农业建设闲置耕地的处理

禁止任何单位和个人闲置、荒芜耕地。已经办理审批手续的非农业建设占用耕地，一年内不用而又可以耕种并收获的，应当由原耕种该幅耕地的集体或者个人恢复耕种，也可以由用地单位组织耕种；一年以上未动工建设的，应当按照省、自治区、直辖市的规定缴纳闲置费；连续二年未使用的，经原批准机关批准，由县级以上人民政府无偿收回用地单位的土地使用权；该幅土地原为农民集体所有的，应当交由原农村集体经济组织恢复耕种。

在城市规划区范围内，以出让方式取得土地使用权进行房地产开发的闲置土地，依照《中华人民共和国城市房地产管理法》的有关规定办理。

▶理解与适用

闲置土地，是指国有建设用地使用权人超过国有建设用地使用权有偿使用合同或者划拨决定书约定、规定的动工开发日期满一年未动工开发的国有建设用地。已动工开发但开发建设用地面积占应动工开发建设用地总面积不足三分之一或者已投资额占总投资额不足百分之二十五，中止开发建设满一年的国有建设用地，也可以认定为闲置土地。

▶条文参见

《农村土地承包法》第42、64条;《城市房地产管理法》第26条;《闲置土地处置办法》

▶典型案例指引

1. 某公司与广东省某市国土资源和房产管理局土地使用权纠纷上诉案(《人民司法·案例》2011年第4期)

案件适用要点:国有土地使用权出让合同是典型的行政合同。土地行政主管部门以土地使用权受让方违反合同约定,超期未动工开发为由,单方解除合同,作出无偿收回闲置土地决定时,应当考虑、认定土地使用权人是否存在法定免责事由。人民法院在审查此类纠纷时,亦应审查土地行政主管部门的决定是否对土地使用权人的法定免责事由进行了排除。上诉人某市国土资源和房产管理局于1999年6月10日作出深规土〔1999〕289号关于收回市建设(集团)公司旧城改造土地使用权的决定,只认定"于1995年10月与我局签订土地使用权出让合同后,至今未投入开发建设"。未对具体的资金投入及开发情况进行查清,属于认定事实不清,主要证据不足,依法予以撤销。《城市房地产管理法》第二十五条规定:"以出让方式取得土地使用权进行房地产开发的,必须按照土地使用权出让合同约定的土地用途、动工开发期限开发土地。超过出让合同约定的动工开发日期……满2年未动工开发的,可以无偿收回土地使用权;但是,因不可抗力或者政府、政府有关部门的行为或者动工开发必需的前期工作造成动工开发迟延的除外。"可见,《城市房地产管理法》规定了免责情形,被诉具体行政行为缺乏查清适用法律、法规规定的具体情形的事实基础,属于适用法律、法规错误,依法予以撤销。

2. 章某初诉某县人民政府不履行法定职责纠纷案(浙江省高级人民法院行政裁定书〔2019〕浙行终1695号)

案件适用要点:根据《中华人民共和国土地管理法》(2004年修正)第三十七条规定:"禁止任何单位和个人闲置、

荒芜耕地。已经办理审批手续的非农业建设占用耕地，一年内不用而又可以耕种并收获的，应当由原耕种该幅耕地的集体或者个人恢复耕种，也可以由用地单位组织耕种；一年以上未动工建设的，应当按照省、自治区、直辖市的规定缴纳闲置费；连续二年未使用的，经原批准机关批准，由县级以上人民政府无偿收回用地单位的土地使用权；该幅土地原为农民集体所有的，应当交由原农村集体经济组织恢复耕种。在城市规划区范围内，以出让方式取得土地使用权进行房地产开发的闲置土地，依照《中华人民共和国城市房地产管理法》的有关规定办理。承包经营耕地的单位或者个人连续二年弃耕抛荒的，原发包单位应当终止承包合同，收回发包的耕地。"因此，即使案涉被征收土地存在连续二年未使用的情形，亦需经原批准机关批准后才能由县级以上人民政府无偿收回土地使用权，交由原农村集体经济组织恢复耕种。现并无证据证明原征地批准机关省政府已经作出收回案涉被征土地的批准意见，在此情况下，章某初径行请求某县政府履行收回土地使用权的职责，明显不具备法定事实基础，其提起本案履职之诉，不符合《中华人民共和国行政诉讼法》第四十九条的规定，可以裁定驳回起诉。

第三十九条　未利用地的开发

国家鼓励单位和个人按照土地利用总体规划，在保护和改善生态环境、防止水土流失和土地荒漠化的前提下，开发未利用的土地；适宜开发为农用地的，应当优先开发成农用地。

国家依法保护开发者的合法权益。

第四十条　未利用地开垦的要求

开垦未利用的土地，必须经过科学论证和评估，在土地利用总体规划划定的可开垦的区域内，经依法批准后进行。禁止毁坏森林、草原开垦耕地，禁止围湖造田和侵占江河滩地。

> 根据土地利用总体规划，对破坏生态环境开垦、围垦的土地，有计划有步骤地退耕还林、还牧、还湖。

▶理解与适用

开垦未利用的土地，必须具备以下三个条件：（1）必须经过科学论证和评估；（2）必须在国土空间规划划定的可开垦的区域内进行；（3）必须经依法批准。对耕地的开垦、拓展不得毁坏森林、草原，禁止围湖造田和侵占江河滩地。

具有重要生态功能的未利用地应当依法划入生态保护红线，实施严格保护。建设项目占用国土空间规划确定的未利用地的，按照省、自治区、直辖市的规定办理。

▶条文参见

《退耕还林条例》；《水土保持法》第14条；《防洪法》第22–23条；《土地管理法实施条例》第22条

▶典型案例指引

李某某与三亚市吉阳镇中廖村民委员会某小组承包地征收补偿费用分配纠纷上诉案（海南省三亚市中级人民法院民事判决书〔2011〕三亚民一终字第168号）

案件适用要点：李某某应否享有涉案2亩开荒地的合法使用权问题。二审中，中廖村某小组一直未将涉案2亩土地发包，李某某于1998年自行开垦该地，客观上一直使用至此次征地为止。这十年间，中廖村某小组未对李某某使用该土地耕种提出异议，也未要求签订土地承包经营合同，可以推定中廖村某小组默认了李某某使用该地的事实。且根据《中廖村土地赔偿款清单表》记载，李某某"水田2.7"，也证明中廖村某小组在纠纷发生前应已承认李某某享有全部涉案2.7亩水田的合法使用权。综上，原判认定李某某对涉案2亩开荒地不具有合法的使用权不妥，应予纠正。

第四十一条　国有荒山、荒地、荒滩的开发

开发未确定使用权的国有荒山、荒地、荒滩从事种植业、林业、畜牧业、渔业生产的，经县级以上人民政府依法批准，可以确定给开发单位或者个人长期使用。

▶理解与适用

按照国土空间规划，开发未确定土地使用权的国有荒山、荒地、荒滩从事种植业、林业、畜牧业、渔业生产的，应当向土地所在地的县级以上人民政府自然资源主管部门提出申请，按照省、自治区、省辖市规定的权限，由县级以上地方人民政府批准。

国有荒山、荒地、荒滩，按照土地类型属于未利用土地，开垦未利用土地，同时还应当依照本法第39条和第40条的规定进行，即开垦未利用土地应当在国土空间规划划定的可开垦区域内进行，并防止水土流失和土地荒漠化。禁止毁坏森林、草原开垦耕地，禁止围湖造田和侵占江湖滩地。

▶条文参见

《土地管理法实施条例》第9条；《国务院办公厅关于进一步做好治理开发农村"四荒"资源工作的通知》

第四十二条　土地整理

国家鼓励土地整理。县、乡（镇）人民政府应当组织农村集体经济组织，按照土地利用总体规划，对田、水、路、林、村综合整治，提高耕地质量，增加有效耕地面积，改善农业生产条件和生态环境。

地方各级人民政府应当采取措施，改造中、低产田，整治闲散地和废弃地。

▶理解与适用

　　土地整理,是指在一定的区域内,按照国土空间规划的要求,通过采取各种措施,对田、水、路、林、村综合整治,提高耕地质量,增加有效耕地面积,改善农业生态条件和生态环境的行为。县级人民政府应当按照国土空间规划关于统筹布局农业、生态、城镇等功能空间的要求,制定土地整理方案,促进耕地保护和土地节约集约利用。县、乡(镇)人民政府应当组织农村集体经济组织,实施土地整理方案,对闲散地和废弃地有计划地整治、改造。土地整理新增耕地,可以用作建设所占用耕地的补充。鼓励社会主体依法参与土地整理。

▶条文参见

　　《土地管理法实施条例》第10条

第四十三条　土地复垦

> 因挖损、塌陷、压占等造成土地破坏,用地单位和个人应当按照国家有关规定负责复垦;没有条件复垦或者复垦不符合要求的,应当缴纳土地复垦费,专项用于土地复垦。复垦的土地应当优先用于农业。

▶理解与适用

　　土地复垦,是指对生产建设活动和自然灾害损毁的土地,采取整治措施,使其达到可供利用状态的活动。生产建设活动损毁的土地,按照"谁损毁,谁复垦"的原则,由生产建设单位或者个人负责复垦。由于历史原因无法确定土地复垦义务人的生产建设活动损毁的土地,以及自然灾害损毁土地,由县级以上人民政府负责组织复垦。土地复垦义务人不复垦,或者复垦验收中经整改仍不合格的,应当缴纳土地复垦费,由有关自然资源主管部门代为组织复垦。确定土地复垦费的数额,应当综合考虑损毁前的土地类型、实际损毁面积、损毁程度、复垦标准、复垦用途和完成复垦任务所需的工程量等因素。土地复垦费的具体征收使用管理办法，由国务院财政、价格主管部门商国务院有关部门制定。土地复垦义务人缴纳的土地复垦费专项用于土地复垦。任何单位和个人不得截留、挤占、挪用。

[土地复垦的范围]

下列损毁土地由土地复垦义务人负责复垦：（1）露天采矿、烧制砖瓦、挖沙取土等地表挖掘所损毁的土地；（2）地下采矿等造成地表塌陷的土地；（3）堆放采矿剥离物、废石、矿渣、粉煤灰等固体废弃物压占的土地；（4）能源、交通、水利等基础设施建设和其他生产建设活动临时占用所损毁的土地。

▶条文参见

《土地复垦条例》；《循环经济促进法》第22、53条；《煤炭法》第25条；《防洪法》第45条；《矿产资源法》第21、32条；《国务院关于促进节约集约用地的通知》

第五章 建设用地

第四十四条　农用地转用

建设占用土地，涉及农用地转为建设用地的，应当办理农用地转用审批手续。

永久基本农田转为建设用地的，由国务院批准。

在土地利用总体规划确定的城市和村庄、集镇建设用地规模范围内，为实施该规划而将永久基本农田以外的农用地转为建设用地的，按土地利用年度计划分批次按照国务院规定由原批准土地利用总体规划的机关或者其授权的机关批准。在已批准的农用地转用范围内，具体建设项目用地可以由市、县人民政府批准。

在土地利用总体规划确定的城市和村庄、集镇建设用地规模范围外，将永久基本农田以外的农用地转为建设用地的，由国务院或者国务院授权的省、自治区、直辖市人民政府批准。

▶理解与适用

农用地转为建设用地，简称农用地转用，是指现状的农用地按照国土空间规划和国家规定的批准权限，经过审查批准后转为建设用地的行为。

在国土空间规划确定的城市和村庄、集镇建设用地范围内，为实施该规划而将农用地转为建设用地的，由市、县人民政府组织自然资源等部门拟订农用地转用方案，分批次报有批准权的人民政府批准。农用地转用方案应当重点对建设项目安排、是否符合国土空间规划和土地利用年度计划以及补充耕地情况作出说明。农用地转用方案经批准后，由市、县人民政府组织实施。

需要注意的是，本条对在国土空间规划确定的城市和村庄、集镇建设用地规模范围内的建设用地审批采用了农用地转用审批与具体建设项目用地审批相分离的制度，即农用地转用按土地利用年度计划分批次按照国务院规定由原批准国土空间规划的机关或者其授权的机关批准，而在已批准的农用地转用范围内，具体建设项目用地可以由市、县人民政府批准。

建设项目确需占用国土空间规划确定的城市和村庄、集镇建设用地范围外的农用地，涉及占用永久基本农田的，由国务院批准；不涉及占用永久基本农田的，由国务院或者国务院授权的省、自治区、直辖市人民政府批准。具体按照下列规定办理：(1) 建设项目批准、核准前或者备案前后，由自然资源主管部门对建设项目用地事项进行审查，提出建设项目用地预审意见。建设项目需要申请核发选址意见书的，应当合并办理建设项目用地预审与选址意见书,核发建设项目用地预审与选址意见书。(2)建设单位持建设项目的批准、核准或者备案文件,向市、县人民政府提出建设用地申请。市、县人民政府组织自然资源等部门拟订农用地转用方案,报有批准权的人民政府批准;依法应当由国务院批准的,由省、自治区、直辖市人民政府审核后上报。农用地转用方案应当重点对是否符合国土空间规划和土地利用年度计划以及补充耕地情况作出说明,涉及占用永久基本农田的,还应当对占用永久基本农田的必要性、合理性和补划可行性作出说明。(3)农用地转用方案经批准后,由市、县人民政府组织实施。

建设项目需要使用土地的,建设单位原则上应当一次申请,办理建设用地审批手续,确需分期建设的项目,可以根据可行性研究报告确定的方案,分期申请建设用地,分期办理建设用地审批手续。建设过程中用地范围确需调整的,应当依法办理建设用地审批手续。农用地转用涉及征收土地的,还应当依法办理征收土地手续。

▶条文参见

《土地管理法实施条例》第23-25条;《国土资源部关于贯彻执行〈中华人民共和国土地管理法〉和〈中华人民共和国土地管理法实施条例〉若干问题的意见》三、四;《国务院关于授权和委托用地审批权的决定》

▶典型案例指引

1. 青岛市国土资源和房屋管理局某国土资源分局与青岛某木业有限公司土地使用权出让合同纠纷案(《中华人民共和国最高人民法院公报》2008年第5期)

案件适用要点:依法成立的合同,自成立时生效。法律、行政法规规定应当办理批准、登记等手续生效的,依照其规定。《土地管理法》第44条规定,"建设占用土地,涉及农用地转为建设用地的,应当办理农用地转用审批手续"。据此认定本案中未经政府批准农转用土地的部分合同无效。但，部分合同无效，不影响其他部分效力的，其他部分仍然有效。就本案情况看，认定部分合同无效，不会影响其他部分的效力。

2. 北京市顺义区牛栏山镇某经济合作社与北京某商贸公司等农村土地承包合同纠纷上诉案（北京市第三中级人民法院民事判决书〔2019〕京03民终14080号）

案件适用要点：根据《中华人民共和国土地管理法》的相关规定，任何单位和个人不得擅自占用土地或者改变其用途。本案中，涉诉土地规划用途为一般农地区。而《承包地租赁合同书》约定涉诉土地用于仓储物流，且在涉诉土地上违法建设了大量建筑物，改变了涉诉土地农用地的用途，《承包地租赁合同书》明显违反法律的强制性规定，一审法院据此判定《承包地租赁合同书》无效，于法有据，本院不持异议。

关于争议焦点二，基于某合作社的身份，其对于涉诉土地为农用地的土地性质应为明知，其为招商引资与某商贸公司签订《承包地租赁合同书》将涉诉土地用于物流仓储，并在后续履行过程中放任某商贸公司改变土地用途的行为，明显有违法律的强制性规定。因此，某合作社对于上述合同的签订及履行明显存有过错。某商贸公司的法定代表人为某村的村民，其对核查涉诉土地性质具有便利条件，且某商贸公司在签约之前亦负有核查涉诉土地性质的义务，故某商贸公司应当就合同无效承担过错责任。

第四十五条　征地范围

为了公共利益的需要，有下列情形之一，确需征收农民集体所有的土地的，可以依法实施征收：

（一）军事和外交需要用地的；

（二）由政府组织实施的能源、交通、水利、通信、邮政等基础设施建设需要用地的；

（三）由政府组织实施的科技、教育、文化、卫生、体育、生态环境和资源保护、防灾减灾、文物保护、社区综合服务、社会福利、市政公用、优抚安置、英烈保护等公共事业需要用地的；

（四）由政府组织实施的扶贫搬迁、保障性安居工程建设需要用地的；

（五）在土地利用总体规划确定的城镇建设用地范围内，经省级以上人民政府批准由县级以上地方人民政府组织实施的成片开发建设需要用地的；

（六）法律规定为公共利益需要可以征收农民集体所有的土地的其他情形。

前款规定的建设活动，应当符合国民经济和社会发展规划、土地利用总体规划、城乡规划和专项规划；第（四）项、第（五）项规定的建设活动，还应当纳入国民经济和社会发展年度计划；第（五）项规定的成片开发并应当符合国务院自然资源主管部门规定的标准。

▶理解与适用

宪法规定，国家为了公共利益的需要，可以依照法律规定对土地实行征收或者征用并给予补偿。《民法典》规定，"为了公共利益的需要，依照法律规定的权限和程序可以征收集体所有的土地和组织、个人的房屋以及其他不动产"。本条第1款采用列举式与概括式相结合的表述方式，列举了6种情形，对"公共利益"的范围进行了明确。其中，第6项为兜底条款，为"法律规定为公共利益需要可以征收农民集体所有的土地的其他情形"，即只有法律才能规定公共利益的情形。这一规定对"公共利益"的范围进行了明确和严格限定，体现征地的公益性和强制性，回归征地本源。

▶条文参见

《宪法》第10条;《民法典》第243条

第四十六条　征地审批权限

> 征收下列土地的,由国务院批准:
> (一)永久基本农田;
> (二)永久基本农田以外的耕地超过三十五公顷的;
> (三)其他土地超过七十公顷的。
> 征收前款规定以外的土地的,由省、自治区、直辖市人民政府批准。
> 征收农用地的,应当依照本法第四十四条的规定先行办理农用地转用审批。其中,经国务院批准农用地转用的,同时办理征地审批手续,不再另行办理征地审批;经省、自治区、直辖市人民政府在征地批准权限内批准农用地转用的,同时办理征地审批手续,不再另行办理征地审批,超过征地批准权限的,应当依照本条第一款的规定另行办理征地审批。

▶理解与适用

征收土地应当经过非常严格的审批程序,实行国务院和省级政府两级审批制。对国务院批准权限采用列举式:(1)永久基本农田;(2)永久基本农田以外的耕地超过35公顷的;(3)其他土地超过70公顷的。除此之外其他土地的征收,应由省、自治区、直辖市人民政府批准。

需要注意的是,按照法律规定,为了严格对农用地的保护,农用地的征收首先应进行农用地转用审批手续,然后再办理征收审批手续。但是,为了各项建设工程及时启动,应当尽量遵循对农用地转用的批准和对征地的批准在同一政府一次办理的原则。但是,若两项申请的审批权限不同,则应当遵循征地审批权"就高不就低"的准则,将征地审批交由国务院办理。

▶条文参见

《土地管理法实施条例》第23、24条；《建设用地审查报批管理办法》第5-8、11-21条

第四十七条　土地征收程序

国家征收土地的，依照法定程序批准后，由县级以上地方人民政府予以公告并组织实施。

县级以上地方人民政府拟申请征收土地的，应当开展拟征收土地现状调查和社会稳定风险评估，并将征收范围、土地现状、征收目的、补偿标准、安置方式和社会保障等在拟征收土地所在的乡（镇）和村、村民小组范围内公告至少三十日，听取被征地的农村集体经济组织及其成员、村民委员会和其他利害关系人的意见。

多数被征地的农村集体经济组织成员认为征地补偿安置方案不符合法律、法规规定的，县级以上地方人民政府应当组织召开听证会，并根据法律、法规的规定和听证会情况修改方案。

拟征收土地的所有权人、使用权人应当在公告规定期限内，持不动产权属证明材料办理补偿登记。县级以上地方人民政府应当组织有关部门测算并落实有关费用，保证足额到位，与拟征收土地的所有权人、使用权人就补偿、安置等签订协议；个别确实难以达成协议的，应当在申请征收土地时如实说明。

相关前期工作完成后，县级以上地方人民政府方可申请征收土地。

▶理解与适用

根据本条规定，为了保障被征收人的知情权、参与权、表达权、监督权，征地批准前需要履行调查、评估、公告、听证、登记、协议六步程序。

[土地现状调查和社会稳定风险评估]

需要征收土地，县级以上地方人民政府认为符合本法第45条规定的，应当发布征收土地预公告，并开展拟征收土地现状调查和社会稳定风险评估。征收土地预公告应当包括征收范围、征收目的、开展土地现状调查的安排等内容。征收土地预公告应当采用有利于社会公众知晓的方式，在拟征收土地所在的乡（镇）和村、村民小组范围内发布，预公告时间不少于10个工作日。自征收土地预公告发布之日起，任何单位和个人不得在拟征收范围内抢栽抢建；违反规定抢栽抢建的，对抢栽抢建部分不予补偿。

土地现状调查应当查明土地的位置、权属、地类、面积，以及农村村民住宅、其他地上附着物和青苗等的权属、种类、数量等情况。

社会稳定风险评估应当对征收土地的社会稳定风险状况进行综合研判，确定风险点，提出风险防范措施和处置预案。社会稳定风险评估应当有被征地的农村集体经济组织及其成员、村民委员会和其他利害关系人参加，评估结果是申请征收土地的重要依据。

[征收补偿方案及其公告]

县级以上地方人民政府应当依据社会稳定风险评估结果，结合土地现状调查情况，组织自然资源、财政、农业农村、人力资源和社会保障等有关部门拟定征地补偿安置方案。征地补偿安置方案应当包括征收范围、土地现状、征收目的、补偿方式和标准、安置对象、安置方式、社会保障等内容。

征地补偿安置方案拟定后，县级以上地方人民政府应当在拟征收土地所在的乡（镇）和村、村民小组范围内公告，公告时间不少于30日。征地补偿安置公告应当同时载明办理补偿登记的方式和期限、异议反馈渠道等内容。

其中，征收范围主要是精确的界址范围，土地现状主要是依土地现状调查获取的土地利用类型面积、分布和利用状况，征收目的主要是本法第45条中规定的具体的公益性目的，补偿标准、安置方式和社会保障主要是一些事关被征地群众日后生活保障的基本信息。上述信息在公示过程中必须听取被征地的农村集体经济组织及其成员、村民委员会和其他利害关系人的意见。"其他利害关系人"，实践中指土地承包经营权人、农业设施所有人等其他与被征地块有关的人员。

[补偿登记]

拟征收土地的所有权人、使用权人，如农村集体经济组织、土地的承包经营者、使用宅基地的农村村民等，应当在公告规定的期限内，持能证明其享有该土地法定权利的权属证书，如集体土地所有权证、集体土地使用权证、有偿使用合同或承包经营合同，办理征地补偿登记，获得补偿。补偿登记除对土地所有权、使用权进行登记外，还应当对被征用土地上的地上物进行清点，并依法进行登记，包括因征地而受到破坏的其他土地上的设施、青苗和其他附着物等，以便能确定恢复或补偿的办法。

▶条文参见

《土地管理法实施条例》第26-31条

▶典型案例指引

叶某明诉某市某区人民政府、某市人民政府征收补偿纠纷上诉案（广东省高级人民法院行政判决书〔2018〕粤行终1778号）

案件适用要点：行政机关因拟定土地征收方案违反法律规定致使征收不当，受到侵害的利害关系人请求行政机关给予补偿安置等处理的，人民法院予以支持。

第四十八条　土地征收补偿安置

征收土地应当给予公平、合理的补偿，保障被征地农民原有生活水平不降低、长远生计有保障。

征收土地应当依法及时足额支付土地补偿费、安置补助费以及农村村民住宅、其他地上附着物和青苗等的补偿费用，并安排被征地农民的社会保障费用。

征收农用地的土地补偿费、安置补助费标准由省、自治区、直辖市通过制定公布区片综合地价确定。制定区片综合地价应当综合考虑土地原用途、土地资源条件、土地产值、土地区位、土地供求关系、人口以及经济社会发展水平等因素，并至少每三年调整或者重新公布一次。

征收农用地以外的其他土地、地上附着物和青苗等的补偿标准，由省、自治区、直辖市制定。对其中的农村村民住宅，应当按照先补偿后搬迁、居住条件有改善的原则，尊重农村村民意愿，采取重新安排宅基地建房、提供安置房或者货币补偿等方式给予公平、合理的补偿，并对因征收造成的搬迁、临时安置等费用予以补偿，保障农村村民居住的权利和合法的住房财产权益。

县级以上地方人民政府应当将被征地农民纳入相应的养老等社会保障体系。被征地农民的社会保障费用主要用于符合条件的被征地农民的养老保险等社会保险缴费补贴。被征地农民社会保障费用的筹集、管理和使用办法，由省、自治区、直辖市制定。

▶理解与适用

本条是关于土地征收补偿安置的条款，规定了补偿原则、补偿内容、补偿标准、地上附着物和青苗补偿、农村村民居住权益和住房财产权保护、被征地农民的社会保障等内容。

土地征收补偿的费用包括土地补偿费、安置补助费，农村村民住宅、地上附着物和青苗等的补偿费用，以及安排被征地农民的社会保障费用。土地补偿费和安置补助费由征地区片综合地价确定。省、自治区、直辖市应当制定公布区片综合地价，确定征收农用地的土地补偿费、安置补助费标准，并制定土地补偿费、安置补助费分配办法。区片综合地价应当至少每三年调整或者重新公布一次。地上附着物和青苗等的补偿标准，由省、自治区、直辖市制定，这主要是考虑到各地实际情况不同，由各省结合情况因地制宜制定标准，能够更好地保障农民利益。地上附着物和青苗等的补偿费用，归其所有权人所有。住宅安置的标准，补偿方式方面，在充分尊重农民意愿的前提下，考虑到各地实际情况不同，预留了多种补偿方式，比如，建设用地指标比较充裕的地区，可以重新安排宅基地，土地资源紧张的地区，可以通过建设安置房进行集中安置，对于已经不需要提供住房的农民，可以通过货币化的方式进行补偿。同时，明确提出将"因征收造成的搬迁、临时安置等费用"列入补偿内容，周全考虑了农民经济利益的具体情况，体现了公平公正的原则。将被征地农民纳入社会保障体系，是确保"长远生计有保障"的重要措施手段。实践中，各级政府已经逐渐将被征地农民纳入社保体系予以保障，但是各地保障方式不同，本条主要是作原则性规定，关于社保费用筹集、管理、使用的具体办法，授权各省级人民政府自行制定。社会保障费用主要用于符合条件的被征地农民的养老保险等社会保险缴费补贴，按省、自治区、直辖市的规定单独列支。

申请征收土地的县级以上地方人民政府应当及时落实土地补偿费、安置补助费、农村村民住宅以及其他地上附着物和青苗等的补偿费用、社会保障费用等，并保证足额到位，专款专用。有关费用未足额到位的，不得批准征收土地。

▶条文参见

《土地管理法实施条例》第32条

▶典型案例指引

1. 某家庭承包经营户与某村民小组征地安置补助费用分配纠纷上诉案（重庆市第三中级人民法院民事判决书〔2007〕渝

三中民终字第367号）

案件适用要点：安置补助费的性质，是国家征收集体土地后，安置被征地单位由于征地造成的多余劳动力的补助费用。集体经济组织在土地被征收后，需要安置的人员，可以采取由农村集体经济组织安置、其他单位安置或不需统一安置的方式处理。对于由农村集体经济组织安置和由其他单位安置的，安置补助费不由被安置人员直接领取，而是支付给农村集体经济组织或安置单位。对于不需统一安置的，方可发放给被安置人员个人或支付保险费用。最高人民法院在《关于审理涉及农村土地承包纠纷案件适用法律问题的解释》第21条中也明确规定了承包地被依法征收，家庭承包方，只有在放弃统一安置时，其请求发包方给付已经收到的安置补助费的，方能予以支持。

2. 山西省某集团有限公司诉山西省某市人民政府收回国有土地使用权决定案（《中华人民共和国最高人民法院公报》2017年第1期）

案件适用要点：有征收必有补偿，无补偿则无征收。征收补偿应当遵循及时补偿原则和公平补偿原则。补偿问题未依法定程序解决前，被征收人有权拒绝交出房屋和土地。

第四十九条　征地补偿费用的使用

被征地的农村集体经济组织应当将征收土地的补偿费用的收支状况向本集体经济组织的成员公布，接受监督。

禁止侵占、挪用被征收土地单位的征地补偿费用和其他有关费用。

▶典型案例指引

南昌市某自然村、南昌市某镇人民政府承包地征收补偿费用分配纠纷案（最高人民法院民事裁定书〔2020〕最高法民申4067号）

案件适用要点：某村委会作为基层自治组织与南昌市国土

资源局某分局签订《征收土地协议书》，收到案涉相应征收补偿费用，有合同为据。某村委会在向被征地村民发放了各项补偿费用6066702元后，将剩余土地补偿费11071964元留存村集体经济组织而未向村民发放，某自然村为此向某村委会主张案涉剩余征地补偿费，原审确定双方争议法律关系性质为承包地征收补偿费用分配纠纷，并无不当。村民委员会是村民自我管理、自我教育、自我服务的基层群众性自治组织，依法管理本村属于村农民集体所有的土地和其他财产，依据《中华人民共和国村民委员会组织法》第二十四条第一款第七项规定"涉及村民利益的下列事项，经村民会议讨论决定方可办理：征地补偿费的使用、分配方案"，征地补偿费用的使用和分配须经村民会议民主议定程序，案涉土地补偿费未经村民会议民主议定，原审认定某自然村无权直接要求某村委会支付剩余土地补偿费，并无不当。

第五十条　支持被征地农民就业

地方各级人民政府应当支持被征地的农村集体经济组织和农民从事开发经营，兴办企业。

▶条文参见

《国务院办公厅转发劳动保障部关于做好被征地农民就业培训和社会保障工作指导意见的通知》

第五十一条　大中型水利水电工程建设征地补偿和移民安置

大中型水利、水电工程建设征收土地的补偿费标准和移民安置办法，由国务院另行规定。

▶条文参见

《长江三峡工程建设移民条例》；《大中型水利水电工程建设征地补偿和移民安置条例》

第五十二条　建设项目用地审查

建设项目可行性研究论证时，自然资源主管部门可以根据土地利用总体规划、土地利用年度计划和建设用地标准，对建设用地有关事项进行审查，并提出意见。

▶理解与适用

本条所指可行性论证阶段的审查是指用地预审，主要是自然资源主管部门在建设项目审批、核准、备案阶段，根据土地利用方面的规划和计划，依法对建设项目涉及的土地利用事项进行的审查并提出用地预审意见，这是建设用地报批程序第一步，其目的是在项目审批、核准、备案阶段对其配套供地方案的合法性、合规性和合理性进行同步审查，确保项目后续顺利实施。

目前，建设项目用地实行分级预审制度。审查的内容包括拟建项目的基本情况、拟选址占地情况、拟用地是否符合国土空间规划、拟用地面积是否符合土地使用标准、拟用地是否符合供地政策等。自然资源主管部门应当自受理预审申请或者收到转报材料之日起20日内，完成审查工作，并出具预审意见。20日内不能出具预审意见的，经负责预审的自然资源主管部门负责人批准，可以延长10日。预审应提出结论性意见，该意见是有关部门审批项目可行性研究报告、核准项目申请报告的必备文件。

▶条文参见

《建设用地审查报批管理办法》第4条；《建设项目用地预审管理办法》

第五十三条　**建设项目使用国有土地的审批**

经批准的建设项目需要使用国有建设用地的,建设单位应当持法律、行政法规规定的有关文件,向有批准权的县级以上人民政府自然资源主管部门提出建设用地申请,经自然资源主管部门审查,报本级人民政府批准。

第五十四条　**国有土地的取得方式**

建设单位使用国有土地,应当以出让等有偿使用方式取得;但是,下列建设用地,经县级以上人民政府依法批准,可以以划拨方式取得:

(一)国家机关用地和军事用地;

(二)城市基础设施用地和公益事业用地;

(三)国家重点扶持的能源、交通、水利等基础设施用地;

(四)法律、行政法规规定的其他用地。

▶理解与适用

[有偿使用]

原则上,取得国有建设用地使用权应支付相应对价,采取有偿使用方式,有偿使用国有土地的,由市、县人民政府自然资源主管部门与土地使用者签订国有土地有偿使用合同。有偿使用的方式主要包括:

1.国有土地使用权出让,即国家以土地所有者的身份将土地使用权在一定年限内让与土地使用者,并由土地使用者向国家支付土地使用权出让金的行为。土地使用者在支付全部土地使用权出让金后,应当依照规定办理登记,领取土地使用证,取得土地使用权。国有土地使用权出让应当签订出让合同。土地使用者应当按照城市规划的要求和合同规定的期限与条件开发、利用、经营土地。否则,市、县人民政府自然资源主管部门将根据违规情况对使用者分别采取限期纠正、警告、罚款、无偿收回土地使用权的处罚。土地使用者若需要改变土地使用权出让合同规定的土地用途的，应当征得出让方同意并经自然资源主管部门和城市规划部门批准，重新签订土地使用权出让合同，并相应增加或减少土地使用权出让金。

2. 国有土地租赁，即国家将一定时期内的土地使用权让与土地使用者使用，而土地使用者按年度向国家缴纳租金的行为。根据《民法典》合同编规定，租赁期限不得超过20年。国有土地使用权出让、国有土地租赁等应当依照国家有关规定通过公开的交易平台进行交易，并纳入统一的公共资源交易平台体系。除依法可以采取协议方式外，应当采取招标、拍卖、挂牌等竞争性方式确定土地使用者。

3. 国有土地使用权作价出资或入股。这是指国家以一定年限的国有土地使用权作价，作为出资或股本投入新设立的企业，该土地使用权由新设企业持有的供地方式。土地使用权作价出资（入股）形成的国家股股权，按照国有资产投资主体由有批准权的人民政府自然资源主管部门委托有资格的国有股权持股单位统一持有。

[无偿使用]

除了有偿使用方式外，一些特殊建设用地，经县级以上人民政府依法批准，土地使用者可以通过各种方式依法无偿取得使用权，也即以划拨方式取得。划拨使用国有土地的，由市、县人民政府自然资源主管部门向土地使用者核发国有土地划拨决定书。这些特殊用地主要包括：（1）国家机关使用的土地；（2）军事用地；（3）城市基础设施用地；（4）公益事业用地；（5）国家重点扶持的能源、交通、水利等项目用地；（6）法律、行政法规规定的其他建设用地。《划拨用地目录》对划拨用地的具体范围和内容进行了规定。

土地使用权划拨包括两种方式：一是指县级以上人民政府批准，在土地使用者缴纳补偿、安置等费用后将该幅土地交付给土地使用者使用；二是指县级以上人民政府批准，将国有土地使用权无偿交付给土地使用者使用的行为。现实中，第一种情况占多数。

划拨土地使用权转让、出租、抵押的，应签订土地使用权出让合同，向当地市、县人民政府补交土地使用权出让金或者以转让、出租、抵押所获收益抵缴土地使用权出让金。

因使用者停止使用划拨土地或市、县人民政府根据城市建设发展需要和城市规划的要求，可以无偿收回划拨土地，对其地上建筑物、其他附着物，市、县人民政府应当根据实际情况给予适当补偿。

▶条文参见

《民法典》第325、347、348条；《土地管理法实施条例》第17、18条；《建设用地审查报批管理办法》第22条；《协议出让国有土地使用权规定》；《城镇国有土地使用权出让和转让暂行条例》；《招标拍卖挂牌出让国有建设用地使用权规定》

▶典型案例指引

阳西县某镇人民政府、梁某华建设用地使用权纠纷上诉案（广东省阳江市中级人民法院二审民事判决书〔2018〕粤17民终1558号）

案件适用要点：土地使用权划拨，是指县级以上人民政府依法批准，在土地使用者缴纳补偿、安置等费用后将该幅土地交付其使用，或者将土地使用权无偿交付给土地使用者使用的行为。本案中，梁某华、某镇政府于2005年6月10日签订的《协议书》，约定采取以地兑顶欠款方式解决某镇政府拖欠梁某华的工程款，梁某华缴纳被征收土地的补偿款、安置费等，某镇政府完成征地工作后交付土地使用权给梁某华，梁某华取得该土地使用权的方式实质是土地使用权划拨。但根据《中华人民共和国城市房地产管理法》第二十四条和《中华人民共和国土地管理法》第五十四条的规定，可以采取划拨土地使用权的范围是国家机关用地、军事用地、城市基础设施用地、公益事业用地和国家重点扶持的能源、交通、水利等项目用地，某镇政府为解决其拖欠工程款问题采取土地使用权划拨方式交付土地使用权给梁某华，显然不符合规定的范围，违反上述法律规定。

第五十五条　国有土地有偿使用费

以出让等有偿使用方式取得国有土地使用权的建设单位，按照国务院规定的标准和办法，缴纳土地使用权出让金等土地有偿使用费和其他费用后，方可使用土地。

自本法施行之日起，新增建设用地的土地有偿使用费，百分之三十上缴中央财政，百分之七十留给有关地方人民政府。具体使用管理办法由国务院财政部门会同有关部门制定，并报国务院批准。

▶理解与适用

土地使用权出让金是指各级政府自然资源主管部门将土地使用权出让给土地使用者，按规定向受让人收取的土地使用权出让的全部价款。土地使用权出让金具体的付款方式和付款办法，应当由国有土地使用权有偿使用合同来约定。采用国有土地租赁方式的，应当一次性支付按国有土地租赁合同约定需要支付的国有土地有偿使用费和其他费用。采用国有土地入股的，应当先办理国有土地使用权股权持有的有关手续，签订合同或章程后，方可办理土地登记，并使用土地。

本条第2款规定的新增建设用地的土地有偿使用费，是指国家在新增建设用地中应取得的平均土地纯收益。

▶条文参见

《民法典》第351条；《土地管理法实施条例》第19条；《财政部、国土资源部关于调整新增建设用地土地有偿使用费征收等别的通知》；《财政部、国土资源部关于调整部分地区新增

建设用地土地有偿使用费征收等别的通知》

▶典型案例指引

某商贸有限责任公司与某市国土资源局土地行政撤销纠纷上诉案（山东省东营市中级人民法院行政判决书〔2005〕东行终字第6号）

案件适用要点：国土资源局有权对本行政区域内的土地进行管理和监督。涉案公司与市国土资源局签订了出让合同，并且涉案公司已经交纳了土地出让金，该出让合同亦得到了市人民政府的批准，按照《土地管理法》第55条的规定，该公司在交纳出让金后，已经可以使用该宗土地，对该宗土地享有使用权。

第五十六条　国有土地的使用要求

建设单位使用国有土地的，应当按照土地使用权出让等有偿使用合同的约定或者土地使用权划拨批准文件的规定使用土地；确需改变该幅土地建设用途的，应当经有关人民政府自然资源主管部门同意，报原批准用地的人民政府批准。其中，在城市规划区内改变土地用途的，在报批前，应当先经有关城市规划行政主管部门同意。

▶理解与适用

土地用途是土地使用权出让合同的组成部分，按照城乡规划法、城市房地产管理法等规定，出让地块的位置、使用性质、开发强度等规划条件应当作为国有土地使用权出让合同的组成部分。违反合同的约定使用土地一方面涉及违约责任，应当依照合同的约定予以处置；另一方面违反规划管制要求，按照《城镇国有土地使用权出让和转让暂行条例》等，还应当给予行政处罚。

采用划拨方式提供土地使用权的，政府在批准用地文件中对建设用地的用途及使用要求也都有明确的规定，用地单位必须按照批准的用途使用，不得擅自改变批准的用途。

确需改变土地用途的，由于土地用途是土地使用权出让的重要内容，改变土地用途也需要按照原申请审批程序履行审查程序，即按本法第53条的规定履行审批程序。划拨土地改变用途后，不再符合划拨条件，法律、法规或者《国有土地划拨决定书》明确改变用途应当收回土地使用权的，应当由市、县人民政府收回划拨土地。可以继续使用该幅土地的，应当按国有土地有偿使用的有关规定办理有偿使用手续，签订土地有偿使用合同，补缴土地有偿使用费。

在城市规划区内改变土地用途的，在报批前，应当先经有关城市规划行政主管部门同意。根据国务院机构改革方案，城市规划纳入国土空间规划，由自然资源主管部门统一监督实施，自然资源主管部门就是城市规划行政主管部门，无需另行征求意见。

▶条文参见

《民法典》第344、350、353、354条；《城乡规划法》；《城市房地产管理法》；《城镇国有土地使用权出让和转让暂行条例》

▶典型案例指引

某国土局与某置业公司国有土地使用权出让合同纠纷案（《中华人民共和国最高人民法院公报》2007年第3期）

案件适用要点：涉案公司在与国土局签订《国有土地使用权出让合同》之前，委托土地评估鉴定机构对土地用途进行鉴定。该国土局委托评估时的土地用途为住宅用地，双方签订出让合同之前该公司委托评估的土地用途为综合用地。因此，在双方签订《国有土地使用权出让合同》之前该公司委托评估土地用途为综合用地，在签订《国有土地使用权出让合同》中将土地用途变成住宅，属于国土局与该公司通过签订合同的形式对部分条款内容的变更，与《土地管理法》第56条关于建设单位使用国有土地的,应当按照土地使用权出让等有偿使用合同的约定或者土地使用权规划批准文件的规定使用土地的内容不相冲突。双方签订的《国有土地使用权出让合同》与规划和评估报告中的土地用途不相同,如果可能导致土地使用权出让金低于订立合同时当地政府按照国家规定确定的最低价的,属于影响国有土地使用权出让合同价格条款效力的因素,但不导致国有土地使用权出让合同无效。

第五十七条 建设项目临时用地

建设项目施工和地质勘查需要临时使用国有土地或者农民集体所有的土地的,由县级以上人民政府自然资源主管部门批准。其中,在城市规划区内的临时用地,在报批前,应当先经有关城市规划行政主管部门同意。土地使用者应当根据土地权属,与有关自然资源主管部门或者农村集体经济组织、村民委员会签订临时使用土地合同,并按照合同的约定支付临时使用土地补偿费。

临时使用土地的使用者应当按照临时使用土地合同约定的用途使用土地,并不得修建永久性建筑物。

临时使用土地期限一般不超过二年。

▶理解与适用

临时用地包括两类:一类是工程建设施工临时用地,包括工程建设施工中设置的临时加工车间、材料堆场、取土弃土用地、运输道路等。另一类是地质勘查过程中的临时用地,包括:厂址、坝址、铁路、公路选址等需要对工程地质、水文地质情况进行勘测,探矿、采矿需要对矿藏情况进行勘查勘探所需临时使用的土地等。

临时用地不改变土地用途的性质,也不改变土地的权属,即原土地的所有权和使用权都无需改变。使用农民集体土地的不需要办理征用征收手续,使用国有土地的也不必办理划拨或有偿使用手续，只需签订临时使用土地合同，并对土地所有权人和原土地使用权人予以一定的补偿。建设项目施工、地质勘查需要临时使用土地的，应当尽量不占或者少占耕地。临时用地由县级以上人民政府自然资源主管部门批准，期限一般不超过二年；建设周期较长的能源、交通、水利等基础设施建设使用的临时用地，期限不超过四年；法律、行政法规另有规定的除外。土地使用者应当自临时用地期满之日起一年内完成土地复垦，使其达到可供利用状态，其中占用耕地的应当恢复种植条件。

违反本条规定，在临时使用的土地上修建永久性建筑物的，由县级以上人民政府自然资源主管部门责令限期拆除，按占用面积处土地复垦费5倍以上10倍以下的罚款；逾期不拆除的，由作出行政决定的机关依法申请人民法院强制执行。

▶条文参见

《土地管理法实施条例》第20、21、52条

▶典型案例指引

谢某某与某村农业承包合同纠纷上诉案（河南省濮阳市中级人民法院民事判决书〔2009〕濮中法民三终字第106号）

案件适用要点： 土地作为一种不可再生资源，国家对其开发利用有严格的审批程序，严禁未经批准非法占用耕地。《土地管理法》规定，临时使用农民集体所有的土地及农村集体经济组织使用乡镇土地利用总体规划确定的建设用地兴办企业的，应当报县级以上人民政府土地行政主管部门批准。未经县级以上人民政府土地行政主管部门批准在耕地上建厂，改变了土地的用途，双方当事人签订的土地承包合同属于无效合同。未经批准擅自改变土地的用途，应当限期拆除建在耕地上的建筑物及其他设施，恢复土地的原状，并赔偿相应损失。

第五十八条 收回国有土地使用权

> 有下列情形之一的，由有关人民政府自然资源主管部门报经原批准用地的人民政府或者有批准权的人民政府批准，可以收回国有土地使用权：
> （一）为实施城市规划进行旧城区改建以及其他公共利益需要，确需使用土地的；
> （二）土地出让等有偿使用合同约定的使用期限届满，土地使用者未申请续期或者申请续期未获批准的；
> （三）因单位撤销、迁移等原因，停止使用原划拨的国有土地的；
> （四）公路、铁路、机场、矿场等经核准报废的。
> 依照前款第（一）项的规定收回国有土地使用权的，对土地使用权人应当给予适当补偿。

▶条文参见

《民法典》第358条；《城镇国有土地使用权出让和转让暂行条例》第42、47条；《最高人民法院关于破产企业国有划拨土地使用权应否列入破产财产等问题的批复》；《国家土地管理局印发〈关于认定收回土地使用权行政决定法律性质的意见〉的通知》

▶典型案例指引

1. 魏某高、陈某志诉某县人民政府收回土地使用权批复案（最高人民法院指导案例22号）

案件适用要点： 根据《土地储备管理办法》和《安徽省国有土地储备办法》以收回方式储备国有土地的程序规定，某县国土资源行政主管部门在某县人民政府作出批准收回国有土地使用权方案批复后，应当向原土地使用权人送达对外发生法律效力的收回国有土地使用权通知。某县人民政府的批复属于内部行政行为，不向相对人送达，对相对人的权利义务尚未产生实际影响，一般不属于行政诉讼的受案范围。但本案中，某县人民政府作出批复后，某县国土资源行政主管部门没有制作并送达对外发生效力的法律文书，即直接交某县土地储备中心根据该批复实施拆迁补偿安置行为，对原土地使用权人的权利义务产生了实际影响；原土地使用权人也通过申请政府信息公开知道了该批复的内容，并对批复提起了行政复议，复议机关作出复议决定时也告知了诉权，该批复已实际执行并外化为对外发生法律效力的具体行政行为。因此，对该批复不服提起行政诉讼的，人民法院应当依法受理。

2. 某公司与海南省某县人民政府、第三人中国农业银行某支行收回国有土地使用权及撤销土地证案（《中华人民共和国最高人民法院公报》2015年第2期）

案件适用要点：县政府根据省政府批准的总体规划要求为建设县政府办公楼需要使用涉案土地，收回某公司的土地使用权，应当依法给予"适当补偿"。所谓"适当补偿"应当是公平合理的补偿，即按照被收回土地的性质、用途、区位等，以作出收地决定之日的市场评估价予以补偿。县政府按土地原成本价予以补偿于法无据。某公司以收地决定违法，涉案土地使用权至今仍属于其享有为由，主张应以最终判决时的市场评估价予以补偿，其理由不能成立。本案收地决定属于违反程序，判决确认收地决定违法并未否定其法律效力。根据《物权法》第二十八条规定，涉案土地使用权自收地决定生效之日已经发生物权转移的效力。考虑到涉案土地登记资料中"土地用途"栏系空白，结合当地土地交易市场情况，对涉案土地以使用年限最长、市场价值最高的"住宅用地"用途进行评估，有利于维护行政相对人的合法权益。鉴于县政府收回土地使用权行为违法，补偿价格明显不公，且收地决定作出后涉案土地升值较大，而当事人因不能以转让土地使用权方式及时偿还银行贷款，存在贷款利息损失，县政府在支付补偿款的同时，还应当支付自决定收回土地使用权之日起至实际支付全部补偿款之日的同期银行贷款利息。

3. 某房地产有限公司诉某市国土资源局行政补偿案（最高人民法院行政裁定书〔2017〕最高法行申1342号）

案件适用要点：根据《土地管理法》第五十八条第二款，为公共利益需要使用土地，提前收回国有土地使用权的，应当对土地使用权人给予适当补偿。收回的土地使用权以出让方式供应的，应当根据土地面积、剩余土地使用年期、原批准用途、土地开发利用程度、规划限制等，参照市场地价水平，经专业机构评估后予以补偿；收回的土地使用权以划拨方式供应的，参照评估的划拨土地使用权价格，核定土地使用者应有权益后予以补偿；确定补偿标准的基准日，原则上应当以行政主体作出收回决定的日期或者以收回土地事宜向社会公告的日期为准。

第五十九条　乡、村建设使用土地的要求

乡镇企业、乡（镇）村公共设施、公益事业、农村村民住宅等乡（镇）村建设，应当按照村庄和集镇规划，合理布局，综合开发，配套建设；建设用地，应当符合乡（镇）土地利用总体规划和土地利用年度计划，并依照本法第四十四条、第六十条、第六十一条、第六十二条的规定办理审批手续。

▶理解与适用

乡镇企业、乡（镇）村公共设施、公益事业、农村村民住宅等乡（镇）村建设用地必须符合五项原则：一是应当符合乡（镇）国土空间规划确定的地块用途。二是符合土地利用年度计划，不能突破土地利用年度计划确定的控制指标。三是符合村庄和集镇规划，按照规划许可条件用地。四是坚持合理布局，综合开发，配套建设，节约集约利用土地，服务乡村振兴战略。

五是涉及农用地的依法办理农用地转用和用地审批。

第六十条　村集体兴办企业使用土地

农村集体经济组织使用乡（镇）土地利用总体规划确定的建设用地兴办企业或者与其他单位、个人以土地使用权入股、联营等形式共同举办企业的，应当持有关批准文件，向县级以上地方人民政府自然资源主管部门提出申请，按照省、自治区、直辖市规定的批准权限，由县级以上地方人民政府批准；其中，涉及占用农用地的，依照本法第四十四条的规定办理审批手续。

按照前款规定兴办企业的建设用地，必须严格控制。省、自治区、直辖市可以按照乡镇企业的不同行业和经营规模，分别规定用地标准。

第六十一条　乡村公共设施、公益事业建设用地审批

乡（镇）村公共设施、公益事业建设，需要使用土地的，经乡（镇）人民政府审核，向县级以上地方人民政府自然资源主管部门提出申请，按照省、自治区、直辖市规定的批准权限，由县级以上地方人民政府批准；其中，涉及占用农用地的，依照本法第四十四条的规定办理审批手续。

第六十二条　农村宅基地管理

农村村民一户只能拥有一处宅基地，其宅基地的面积不得超过省、自治区、直辖市规定的标准。

人均土地少、不能保障一户拥有一处宅基地的地区，县级人民政府在充分尊重农村村民意愿的基础上，可以采取措施，按照省、自治区、直辖市规定的标准保障农村村民实现户有所居。

农村村民建住宅，应当符合乡（镇）土地利用总体规划、村庄规划，不得占用永久基本农田，并尽量使用原有的宅基地和村内空闲地。编制乡（镇）土地利用总体规划、村庄规划应当统筹并合理安排宅基地用地，改善农村村民居住环境和条件。

农村村民住宅用地，由乡（镇）人民政府审核批准；其中，涉及占用农用地的，依照本法第四十四条的规定办理审批手续。

农村村民出卖、出租、赠与住宅后，再申请宅基地的，不予批准。

国家允许进城落户的农村村民依法自愿有偿退出宅基地，鼓励农村集体经济组织及其成员盘活利用闲置宅基地和闲置住宅。

国务院农业农村主管部门负责全国农村宅基地改革和管理有关工作。

▶理解与适用

［一户一宅］

宅基地是农村村民用于建造住宅及其附属设施的集体建设用地，包括住房、附属用房和庭院等用地。农村村民一户只能拥有一处宅基地，面积不得超过本省、自治区、直辖市规定的标准。农村村民申请宅基地的，应当以户为单位向农村集体经济组织提出申请；没有设立农村集体经济组织的，应当向所在的村民小组或者村民委员会提出申请。宅基地申请依法经农村村民集体讨论通过并在本集体范围内公示后，报乡（镇）人民政府审核批准。涉及占用农用地的，应当依法办理农用地转用审批手续。农村村民应严格按照批准面积和建房标准建设住宅，禁止未批先建、超面积占用宅基地。经批准易地建造住宅的，应严格按照"建新拆旧"要求，将原宅基地交还村集体。对历史形成的宅基地面积超标和"一户多宅"等问题，要按照有关政策规定分类进行认定和处置。人均土地少、不能保障一户拥有一处宅基地的地区，县级人民政府在充分尊重农民意愿的基础上，可以采取措施，按照省、自治区、直辖市规定的标准保障农村村民实现户有所居。比如，在国土空间规划确定的城镇建设用地规模范围内，通过建设新型农村社区、农民公寓和新型住宅小区保障农民"一户一房"。这里"户"的组成人员中必须有集体经济组织成员。

[宅基地使用权流转方式]

根据本条第5款规定，宅基地使用权的流转有出卖、出租、赠与三种方式。关于"出卖"，可以在集体经济组织内部进行，但是必须符合一定的条件：一是转让人与受让人必须是同一集体经济组织内部的成员。二是受让人没有住房和宅基地，且符合宅基地使用权申请分配的条件。三是转让行为需征得本集体经济组织的同意。"赠与"的法律效果和"出卖"基本相同。但是，农村村民出卖、出租、赠与住宅后，再申请宅基地的，不予批准。另外，需要说明的一点是，因房产继承等合法原因形成的多处住宅及宅基地，原则上不作处理，农村村民可以通过出卖等方式处理，也可以维护原状，但房屋不得翻建，房屋损坏后，多余的宅基地应当退出。

[宅基地有偿使用及自愿有偿退出]

2015年1月，中共中央办公厅和国务院办公厅联合印发了《关于农村土地征收、集体经营性建设用地入市、宅基地制度改革试点工作的意见》，要求对因历史原因形成超标准占用宅基地和一户多宅的，以及非本集体经济组织成员通过继承房屋等占有的宅基地，由农村集体经济组织主导，探索有偿使用。允许进城落户农民在本集体经济组织内部自愿有偿退出或转让宅基地。2015年2月27日第十二届全国人民代表大会常务委员会第十三次会议通过《全国人民代表大会常务委员会关于授权国务院在北京市大兴区等三十三个试点县（市、区）行政区域暂时调整实施有关法律规定的决定》，开始进行农村土地改革试点。在改革试点过程中，各地对于自愿有偿退出宅基地、盘活利用闲置宅基地和闲置住宅的条件、方式、程序等进行了多种有益的探索。

2019年9月11日，中农办、农业农村部印发了《关于进一步加强农村宅基地管理的通知》，提出鼓励村集体和农民盘活利用闲置宅基地和闲置住宅，通过自主经营、合作经营、委托经营等方式，依法依规发展农家乐、民宿、乡村旅游等。城镇居民、工商资本等租赁农房居住或开展经营的，要严格遵守相关规定，租赁合同的期限不得超过20年。合同到期后，双方可以另行约定。在尊重农民意愿并符合规划的前提下，鼓励村集体积极稳妥开展闲置宅基地整治，整治出的土地优先用于满足农民新增宅基地需求、村庄建设和乡村产业发展。闲置宅基地盘活利用产生的土地增值收益要全部用于农业农村。在征得宅基地所有权人同意的前提下，鼓励农村村民在本集体经济组织内部向符合宅基地申请条件的农户转让宅基地。各地可探索通过制定宅基地转让示范合同等方式，引导规范转让行为。转让合同生效后，应及时办理宅基地使用权变更手续。国家允许进城落户的农村村民依法自愿有偿退出宅基地。乡（镇）人民政府和农村集体经济组织、村民委员会等应当将退出的宅基地优先用于保障该农村集体经济组织成员的宅基地需求。

依法取得的宅基地和宅基地上的农村村民住宅及其附属设施受法律保护。禁止违背农村村民意愿强制流转宅基地，禁止违法收回农村村民依法取得的宅基地，禁止以退出宅基地作为农村村民进城落户的条件，禁止强迫农村村民搬迁退出宅基地。

[宅基地管理的主管部门]

本条第7款明确由国务院农业农村主管部门负责全国农村宅基地改革和管理有关工作，并赋予了农业农村主管部门在宅基地监督管理和行政执法等方面的相应职责，即全国农村宅基地改革和管理的主管部门由自然资源主管部门变为农业农村主管部门。

▶条文参见

《民法典》第362－365条；《城乡规划法》；《土地管理法实施条例》第33－36条；《全国人民代表大会常务委员会关于授权国务院在北京市大兴区等三十三个试点县（市、区）行政区域暂时调整实施有关法律规定的决定》；《国务院关于农村土地征收、集体经营性建设用地入市、宅基地制度改革试点情况的总结报告》；《关于进一步加强农村宅基地管理的通知》

▶典型案例指引

1. 李某国诉李某元房屋买卖合同纠纷案（宁波市中级人民法院民事判决书〔2007〕甬民终字第983号）

案件适用要点：农村村民因土地征收而成为非农业人口，仍生活在农村的，其在农村的购房行为不应视为城镇居民购买农村住宅，在购买宅基地问题上可以享有农民待遇，买卖合同有效。"农村村民一户只能拥有一处宅基地"是对农村村民申请宅基地的限制性规定，并不限制农村村民通过买受、承租方式取得宅基地，但不得违反法律、法规规定的最高限度。

2. 夏某某与周某某等房屋买卖合同纠纷上诉案（四川省成都市中级人民法院民事判决书〔2008〕成民终字第434号）

案件适用要点：农村宅基地使用权的主体仅限于本集体经济组织成员，向本集体经济组织以外的农村居民转让农村住房和宅基地的，因违反了集体经济组织的成员权属性，应当认定无效。上诉人夏某某在购买房屋时虽然是农村居民，但不是被上诉人周某某所在村的村民。故上诉人与被上诉人签订的"私房买卖合同"虽是双方当事人真实意思表示，但因违反法律强制性规定，应属无效。

第六十三条　集体经营性建设用地入市

土地利用总体规划、城乡规划确定为工业、商业等经营性用途，并经依法登记的集体经营性建设用地，土地所有权人可以通过出让、出租等方式交由单位或者个人使用，并应当签订书面合同，载明土地界址、面积、动工期限、使用期限、土地用途、规划条件和双方其他权利义务。

前款规定的集体经营性建设用地出让、出租等，应当经本集体经济组织成员的村民会议三分之二以上成员或者三分之二以上村民代表的同意。

通过出让等方式取得的集体经营性建设用地使用权可以转让、互换、出资、赠与或者抵押，但法律、行政法规另有规定或者土地所有权人、土地使用权人签订的书面合同另有约定的除外。

集体经营性建设用地的出租，集体建设用地使用权的出让及其最高年限、转让、互换、出资、赠与、抵押等，参照同类用途的国有建设用地执行。具体办法由国务院制定。

▶ 理解与适用

[集体经营性建设用地入市主体]

根据本法第10条，集体土地所有权人分为三种情况：一是农民集体所有的土地依法属于村农民集体所有的，由村集体经济组织或者村民委员会经营、管理；二是分别属于村内两个以上农村集体经济组织的农民集体所有的，由村内各相应农村集体经济组织或者村民小组经营、管理；三是已经属于乡（镇）农民集体所有的，由乡（镇）农村集体经济组织经营、管理。考虑到入市方案制定和实施过程具有一定专业性，在集体经营性建设用地入市过程中，集体经济组织可以自己直接实施，也可以委托其他主体代为实施。

关于集体经营性建设用地使用主体，并未设置准入门槛，单位和个人均可以使用。因此，我国境内外的自然人、法人，除法律、法规另有规定外，均可依法取得集体经营性建设用地使用权，进行土地开发、利用和经营。

[集体经营性建设用地入市条件]

集体经营性建设用地入市必须符合以下五个条件：一是符合国土空间规划。本法第4条规定"国家实行土地用途管制制度"，确定了土地用途管制的总体原则。在这一总体原则下，本条规定集体经营性建设用地入市地块必须符合国土空间规划。二是符合规定的用途。入市的集体经营性建设用地用途十分明确，仅限于工业和商业等经营性用途，不属于经营用途的，不得入市流转。三是权属清晰。入市的集体经营性建设用地应当属于"经依法登记的"，必须是权属清晰、没有争议的，避免在流转过程中出现产权纠纷，影响当事人权利的实现。四是经过集体依法决策。集体经营性建设用地入市必须经土地所有权人的集体决策程序，应当经本集体经济组织成员的村民会议三分之二以上成员或者三分之二以上村民代表的同意。五是签订流转合同。集体经营性建设用地入市应当签订合同。集体经营性建设用地入市后，对合同执行产生争议的，由交易双方协商处理，协商不成的，依照合同约定申请仲裁或向人民法院提起诉讼。

[集体经营性建设用地流转方式]

国土空间规划确定为工业、商业等经营性用途，且已依法办理土地所有权登记的集体经营性建设用地，土地所有权人可以通过出让、出租等方式交由单位或者个人在一定年限内有偿使用。土地所有权人拟出让、出租集体经营性建设用地的，市、县人民政府自然资源主管部门应当依据国土空间规划提出拟出让、出租的集体经营性建设用地的规划条件，明确土地界址、面积、用途和开发建设强度等。市、县人民政府自然资源主管部门应当会同有关部门提出产业准入和生态环境保护要求。土地所有权人应当依据规划条件、产业准入和生态环境保护要求等，编制集体经营性建设用地出让、出租等方案，并依照本法第63条的规定，由本集体经济组织形成书面意见，在出让、出租前不少于10个工作日报市、县人民政府。市、县人民政府认为该方案不符合规划条件或者产业准入和生态环境保护要求等的，应当在收到方案后5个工作日内提出修改意见。土地所有权人应当按照市、县人民政府的意见进行修改。集体经营性建设用地出让、出租等方案应当载明宗地的土地界址、面积、用途、规划条件、产业准入和生态环境保护要求、使用期限、交易方式、入市价格、集体收益分配安排等内容。

土地所有权人应当依据集体经营性建设用地出让、出租等方案，以招标、拍卖、挂牌或者协议等方式确定土地使用者，双方应当签订书面合同，载明土地界址、面积、用途、规划条件、使用期限、交易价款支付、交地时间和开工竣工期限、产业准入和生态环境保护要求，约定提前收回的条件、补偿方式、土地使用权届满续期和地上建筑物、构筑物等附着物处理方式，以及违约责任和解决争议的方法等，并报市、县人民政府自然资源主管部门备案。未依法将规划条件、产业准入和生态环境保护要求纳入合同的，合同无效；造成损失的，依法承担民事责任。合同示范文本由国务院自然资源主管部门制定。

集体经营性建设用地使用者应当按照约定及时支付集体经营性建设用地价款，并依法缴纳相关税费，对集体经营性建设用地使用权以及依法利用集体经营性建设用地建造的建筑物、构筑物及其附属设施的所有权，依法申请办理不动产登记。

通过出让等方式取得的集体经营性建设用地使用权依法转让、互换、出资、赠与或者抵押的，双方应当签订书面合同，并书面通知土地所有权人。集体经营性建设用地的出租，集体建设用地使用权的出让及其最高年限、转让、互换、出资、赠与、抵押等，参照同类用途的国有建设用地执行，法律、行政法规另有规定的除外。

▶条文参见

《城乡规划法》;《村民委员会组织法》;《土地管理法实施条例》第37-43条;《城镇国有土地使用权出让和转让暂行条例》;《全国人民代表大会常务委员会关于授权国务院在北京市大兴区等三十三个试点县(市、区)行政区域暂时调整实施有关法律规定的决定》;《国务院关于农村土地征收、集体经营性建设用地入市、宅基地制度改革试点情况的总结报告》;《关于完善建设用地使用权转让、出租、抵押二级市场的指导意见》

第六十四条 集体建设用地的使用要求

集体建设用地的使用者应当严格按照土地利用总体规划、城乡规划确定的用途使用土地。

第六十五条 不符合土地利用总体规划的建筑物的处理

在土地利用总体规划制定前已建的不符合土地利用总体规划确定的用途的建筑物、构筑物,不得重建、扩建。

▶理解与适用

土地利用必须符合国土空间规划。根据"法不溯及既往"的原则,合法用地行为在先、规划制定在后的,不因为规划确定的新用途管制要求而责令既有土地用途立即改变。但是,重建、扩建行为,必须按照新用途执行。违反本条规定,对建筑物、构筑物进行重建、扩建的,由县级以上人民政府自然资源主管部门责令限期拆除;逾期不拆除的,由作出行政决定的机关依法申请人民法院强制执行。

▶条文参见

《土地管理法实施条例》第35条

第六十六条　集体建设用地使用权的收回

有下列情形之一的，农村集体经济组织报经原批准用地的人民政府批准，可以收回土地使用权：

（一）为乡（镇）村公共设施和公益事业建设，需要使用土地的；

（二）不按照批准的用途使用土地的；

（三）因撤销、迁移等原因而停止使用土地的。

依照前款第（一）项规定收回农民集体所有的土地的，对土地使用权人应当给予适当补偿。

收回集体经营性建设用地使用权，依照双方签订的书面合同办理，法律、行政法规另有规定的除外。

▶理解与适用

本条所规定的土地使用权不包括承包经营权。承包经营权的收回将按承包合同和国家有关规定办理。为了防止土地所有权人滥用权利，损害使用者的合法权益，收回集体土地使用权也应当在严格的程序下进行，即必须经原批准用地的人民政府批准，并由原登记机关注销土地登记。

本条第3款是关于收回集体经营性建设用地使用权的规定。对本款规定可以从以下三个方面进行理解：其一，集体经营性建设用地使用权是物权的一种，受到法律严格保护，不得随意变更、收回，农村集体经济组织原则上不得按照本条第1款的规定收回。其二，建设用地使用权转让是基于民事合同的物权变动行为，其收回的条件应当是合同的重要内容。实践中，国有建设用地使用权出让合同都对收回条件作了规定。集体经营性建设用地使用权的出让合同也应当就收回条件作出规定。根据《民法典》的规定，双方当事人约定的收回条件，不得与法律法规相悖，也不得违反公序良俗，否则该部分无效。其三，本款在体现合同意思自治的基础上，作出了"法律、行政法规另有规定的除外"的保留性规定，主要是，除发生双方合同约定的土地收回条件外，法律、行政法规强制性规定的条件发生时，所有权人也可以依此收回土地。

第六章 监督检查

第六十七条 监督检查职责

县级以上人民政府自然资源主管部门对违反土地管理法律、法规的行为进行监督检查。

县级以上人民政府农业农村主管部门对违反农村宅基地管理法律、法规的行为进行监督检查的，适用本法关于自然资源主管部门监督检查的规定。

土地管理监督检查人员应当熟悉土地管理法律、法规，忠于职守、秉公执法。

▶条文参见

《土地管理法实施条例》第五章；《自然资源执法监督规定》；《自然资源行政处罚办法》

▶典型案例指引

张某竹诉某市国土资源局行政不作为案（最高人民法院发布人民法院关于行政不作为十大案例）

案件适用要点：张某竹向河南省某市国土资源局（以下简称市国土局）书面提出申请，请求该局依法查处其所在村的耕地被有关工程项目违法强行占用的行为，并向该局寄送了申请书。市国土局于2013年10月17日收到申请后，没有受理、立案、处理，也未告知张某竹，张某竹遂以市国土局不履行法定职责为由诉至法院，请求确认被告不履行法定职责的具体行政行为违法，并要求被告对土地违法行为进行查处。

法院审理后认为，原告张某竹向被告市国土局提出查处违法占地申请后，被告应当受理，被告既没有受理，也没有告知原告是否立案，故原告要求确认被告不履行法定职责违法，并限期履行法定职责的请求，有事实根据和法律依据，法院予以支持。

第六十八条　监督检查措施

县级以上人民政府自然资源主管部门履行监督检查职责时，有权采取下列措施：

（一）要求被检查的单位或者个人提供有关土地权利的文件和资料，进行查阅或者予以复制；

（二）要求被检查的单位或者个人就有关土地权利的问题作出说明；

（三）进入被检查单位或者个人非法占用的土地现场进行勘测；

（四）责令非法占用土地的单位或者个人停止违反土地管理法律、法规的行为。

▶理解与适用

自然资源主管部门、农业农村主管部门按照职责分工进行监督检查时，可以采取下列措施：（1）询问违法案件涉及的单位或者个人；（2）进入被检查单位或者个人涉嫌土地违法的现场进行拍照、摄像；（3）责令当事人停止正在进行的土地违法行为；（4）对涉嫌土地违法的单位或者个人，在调查期间暂停办理与该违法案件相关的土地审批、登记等手续；（5）对可能被转移、销毁、隐匿或者篡改的文件、资料予以封存，责令涉嫌土地违法的单位或者个人在调查期间不得变卖、转移与案件有关的财物；（6）本条规定的其他监督检查措施。

▶条文参见

《土地管理法实施条例》第 48 条

第六十九条　出示监督检查证件

土地管理监督检查人员履行职责,需要进入现场进行勘测、要求有关单位或者个人提供文件、资料和作出说明的,应当出示土地管理监督检查证件。

第七十条　有关单位和个人对土地监督检查的配合义务

有关单位和个人对县级以上人民政府自然资源主管部门就土地违法行为进行的监督检查应当支持与配合,并提供工作方便,不得拒绝与阻碍土地管理监督检查人员依法执行职务。

▶理解与适用

本条规定的有关单位和个人,包括各级人民政府、政府部门、司法机关、社会团体、企事业单位和任何人。只要有违反土地管理法律、法规的,就必须依法接受县级以上人民政府自然资源主管部门的监督检查,不得拒绝与阻碍土地管理监督检查人员依法执行职务。土地监督检查人员依法履行监督检查职责,需要查阅或者复制有关文件或资料时,被检查单位或者个人必须提供;需要了解土地占用情况时,被检查单位或者个人必须就有关情况作出说明;需要进行现场勘测时,被检查单位或者个人必须为土地管理监督检查人员进入非法占用的土地现场进行勘测提供工作方便;当自然资源主管部门责令停止违反土地管理法律、法规的行为时,被检查单位或者个人必须服从自然资源主管部门的决定,停止违反土地管理法律、法规的行为。对于土地管理监督检查人员的以上要求,被检查单位或者个人不得以任何借口予以拒绝或者阻碍。拒绝或者阻碍土地管理监督检查人员依法执行职务，构成犯罪的，依法追究刑事责任；尚不构成犯罪的，由公安机关依法给予处罚。

▶条文参见

《土地管理法实施条例》第45条

第七十一条　国家工作人员违法行为的处理

县级以上人民政府自然资源主管部门在监督检查工作中发现国家工作人员的违法行为，依法应当给予处分的，应当依法予以处理；自己无权处理的，应当依法移送监察机关或者有关机关处理。

▶理解与适用

县级以上人民政府自然资源主管部门在监督检查工作中发现的国家工作人员的违法行为，依法应当给予处分的情况有两种：

1. 直接违反土地管理法律、法规的行为。根据本法第74条、第75条、第78条、第80条、第81条、第85条的规定，有下列违法行为之一尚不构成犯罪的，对其直接负责的主管人员和其他直接责任人员，应当给予处分：（1）买卖或者以其他形式非法转让土地的；（2）未经批准或者采取欺骗手段骗取批准，非法占用土地的；（3）超过批准的数量占用土地的；（4）无权批准征收、使用土地的单位或者个人非法批准占用土地的；（5）超越批准权限非法批准占用土地的；（6）不按照国土空间规划确定的用途批准用地的；（7）违反法律规定的程序批准占用、征收土地的；（8）侵占、挪用被征收土地单位的征地补偿费用和其他有关费用的；（9）自然资源主管部门及其工作人员玩忽职守、滥用职权、徇私舞弊的。

2. 以土地问题为起因引发的违反其他法律、法规的行为。如利用职权在审批土地或者办理土地权属登记等工作中索贿、受贿，尚不构成犯罪的等。这些违法行为虽未直接违反土地管理法律、法规，但是违反了公务员法等法律、法规的规定。

▶条文参见

《违反土地管理规定行为处分办法》;《公务员法》;《监察法》

第七十二条　土地违法行为责任追究

县级以上人民政府自然资源主管部门在监督检查工作中发现土地违法行为构成犯罪的，应当将案件移送有关机关，依法追究刑事责任；尚不构成犯罪的，应当依法给予行政处罚。

▶理解与适用

县级以上人民政府自然资源主管部门就土地违法行为进行监督检查时，发现违法行为构成犯罪的，应当依法将该案件移送司法机关处理，不得以罚代刑。尚不构成犯罪的，依法给予行政处罚。主要的行政处罚包括：（1）罚款；（2）没收违法所得；（3）没收在非法转让或者占用的土地上新建的建筑物和其他设施；（4）责令限期改正或者治理；（5）责令缴纳复垦费；（6）责令退还或者交还非法占用的土地；（7）责令限期拆除在非法占用的土地上新建的建筑物和其他设施等。

［依法应当移送司法机关处理的土地违法案件］

县级以上人民政府自然资源主管部门在监督检查中发现土地违法行为构成犯罪的，应当移送司法机关，依法追究刑事责任。土地违法行为是否构成犯罪取决于：一是行为人是否具有权利能力和行为能力；二是行为人在主观上是否有犯罪的故意；三是行为人是否实施了违反土地管理法律、法规的行为；四是行为人的违法行为是否侵犯了国家的土地管理制度，并且在情节和对社会造成的危害后果上达到了刑法规定的定罪标准。根据本法第74条、第75条、第77条、第79条、第80条、第84条的规定，有下列违法行为之一，构成犯罪的，应当将案件移送司法机关，依法追究刑事责任：（1）买卖或者以其他形式非法转让土地的;(2)非法占用耕地建窑、建坟或者擅自在耕地上建房、挖砂、采石、采矿、取土等,破坏种植条件的;(3)因开发土地造成土地荒漠化、盐渍化的;(4)未经批准或者采取欺骗手段骗取批准,非法占用土地的;(5)超过批准的数量占用土地的;(6)无权批准征收、使用土地的单位或者个人非法批准占用土地的;(7)超越批准权限非法批准占用土地的;(8)不按照国土空间规划确定的用途批准用地的;(9)违反法律规定的程序批准占用、征收土地的;(10)侵占、挪用被征收土地单位的征地补偿费用和其他有关费用的;(11)自然资源主管部门的工作人员玩忽职守、滥用职权、徇私舞弊的。

▶条文参见

《行政执法机关移送涉嫌犯罪案件的规定》

第七十三条　不履行法定职责的处理

依照本法规定应当给予行政处罚,而有关自然资源主管部门不给予行政处罚的,上级人民政府自然资源主管部门有权责令有关自然资源主管部门作出行政处罚决定或者直接给予行政处罚,并给予有关自然资源主管部门的负责人处分。

▶理解与适用

［应依法给予行政处罚的行为］

有下列土地违法行为之一,尚不构成犯罪的,由县级以上人民政府自然资源主管部门,依法给予行政处罚:(1)买卖或者以其他形式非法转让土地的;(2)非法占用耕地建窑、建坟或者擅自在耕地上建房、挖砂、采石、采矿、取土等,破坏种植条件的;(3)因开发土地造成土地荒漠化、盐渍化的;(4)违反本法规定,拒不履行土地复垦义务的;(5)未经批准或者采取欺骗手段骗取批准，非法占用土地的；（6）超过批准的数量或者规定的标准占用土地的；（7）无权批准征收、使用土地的单位或者个人非法批准占用土地的；（8）超越批准权限非法批准占用土地的；（9）不按照国土空间规划确定的用途批准用地的；（10）违反法律规定的程序批准占用、征收土地的；（11）依法被收回国有土地使用权当事人拒不交出土地的；（12）临时使用土地期满拒不归还的；（13）不按批准的用途使用国有土地的；（14）擅自将农民集体所有的土地的使用权出让、转让或者出租用于非农业建设的；（15）不依法办理土地变更登记的。

▶条文参见

《土地管理法实施条例》第49条；《违反土地管理规定行为处分办法》

第七章 法律责任

第七十四条　非法转让土地的法律责任

买卖或者以其他形式非法转让土地的，由县级以上人民政府自然资源主管部门没收违法所得；对违反土地利用总体规划擅自将农用地改为建设用地的，限期拆除在非法转让的土地上新建的建筑物和其他设施，恢复土地原状，对符合土地利用总体规划的，没收在非法转让的土地上新建的建筑物和其他设施；可以并处罚款；对直接负责的主管人员和其他直接责任人员，依法给予处分；构成犯罪的，依法追究刑事责任。

▶理解与适用

本条规定的买卖或者以其他形式非法转让土地的违法行为，

依据其非法转让的土地权利内容的不同，概括起来，主要表现为以下三种情况：

1. 买卖、非法转让国有土地、农民集体所有土地所有权的行为。根据本法第二章关于土地的所有权和使用权的规定，我国的土地所有权依法由国家或农民集体所有。因此，任何单位或者个人，只能依法取得土地的使用权，而不得对其使用的土地进行买卖或者以其他形式转让土地所有权。

2. 非法转让国有土地使用权的行为。城市房地产管理法对国有土地使用权的转让作出了具体的规定。转让土地使用权，是指土地使用者将土地使用权再转移的行为，包括出售、交换和赠与等。以出让方式取得的土地使用权不得转让的情况包括：(1) 未按照出让合同的约定支付全部土地使用权出让金，并取得土地使用权证书的；(2) 司法机关和行政机关依法裁定、决定查封或者以其他形式限制房地产权利的；(3) 依法收回土地使用权的；(4) 共有房地产，未经其他共有人书面同意的；(5) 未按照土地使用权出让合同规定的期限和条件投资开发、利用土地的；(6) 土地权属有争议的；(7) 未依法登记，领取权属证书的；(8) 有关法律、行政法规规定的禁止转让的其他情形。以划拨方式取得的土地使用权不得转让的情况包括：(1) 转让房地产时，未按照国务院的规定报有批准权的人民政府批准的；(2) 有批准权的人民政府根据国务院的规定，决定可以不办理土地使用权出让手续，但转让方未按照国务院规定将转让房地产所获得的收益中的土地收益上缴国家或者作其他处理的。

3. 非法转让农民集体所有土地使用权的行为，系指违反本法第63条的规定，转让农民集体所有土地的使用权用于非农业建设的行为。

依照本条规定处以罚款的，罚款额为违法所得的10%以上50%以下。

▶条文参见

《刑法》第 228 条;《土地管理法实施条例》第 54 条;《违反土地管理规定行为处分办法》;《最高人民法院关于审理破坏土地资源刑事案件具体应用法律若干问题的解释》

第七十五条　破坏耕地的法律责任

违反本法规定,占用耕地建窑、建坟或者擅自在耕地上建房、挖砂、采石、采矿、取土等,破坏种植条件的,或者因开发土地造成土地荒漠化、盐渍化的,由县级以上人民政府自然资源主管部门、农业农村主管部门等按照职责责令限期改正或者治理,可以并处罚款;构成犯罪的,依法追究刑事责任。

▶理解与适用

破坏耕地种植条件的行为主要分两种情况:一是违法占用耕地的行为,主要包括违法占用耕地建窑、建坟等;二是违法破坏耕地的行为,主要包括擅自在耕地上建房、挖砂、采石、采矿、取土等。前一种情形是完全禁止的,即只要实施了在耕地上建窑、建坟的行为,就构成了违法行为。后一种情形是以"擅自"为前提,即在耕地上建房、挖砂、采石、采矿、取土等行为,如果符合有关法律规定的条件,经过法定程序来实施,则不构成违法行为。违反本法规定,破坏耕地种植条件,或者因开发土地造成土地荒漠化、盐渍化的,由县级以上人民政府自然资源主管部门、农业农村主管部门等按照职责责令限期改正或者治理,可以并处耕地开垦费的 5 倍以上 10 倍以下罚款,破坏黑土地等优质耕地的,从重处罚。构成犯罪的,依法根据《刑法》第 342 条追究刑事责任。

▶条文参见

《刑法》第 342 条;《土地管理法实施条例》第 55 条;《最

高人民法院关于审理破坏土地资源刑事案件具体应用法律若干问题的解释》第3条

第七十六条 不履行复垦义务的法律责任

> 违反本法规定，拒不履行土地复垦义务的，由县级以上人民政府自然资源主管部门责令限期改正；逾期不改正的，责令缴纳复垦费，专项用于土地复垦，可以处以罚款。

▶理解与适用

因生产建设活动损毁的土地，按照"谁损毁，谁复垦"的原则进行复垦工作。土地复垦义务人应当按照土地复垦标准和国务院自然资源主管部门的规定编制土地复垦方案，在办理建设用地申请或者采矿权申请手续时，就应随有关报批材料报送土地复垦方案。未编制土地复垦方案或者土地复垦方案不符合要求的，有批准权的人民政府不得批准建设用地。

土地复垦义务人应当按照土地复垦方案开展土地复垦工作。矿山企业还应当对土地损毁情况进行动态监测和评价。生产建设周期长、需要分阶段实施复垦的，土地复垦义务人应当对土地复垦工作与生产建设活动统一规划、统筹实施，根据生产建设进度确定各阶段土地复垦的目标任务、工程规划设计、费用安排、工程实施进度和完成期限等。

土地复垦义务人应当将土地复垦费用列入生产成本或者建设项目总投资。当其不复垦或者复垦验收中经整改仍不合格的，应当缴纳土地复垦费，由有关自然资源主管部门代为组织复垦，如对由其他单位或者个人使用的国有土地或者农民集体所有的土地造成毁损的，除负责复垦外，还应当向遭受损失的单位或者个人支付损失补偿费。此外，不依法履行复垦义务人在申请新的建设用地、申请新的采矿许可证或者申请采矿许可证延续、变更、注销时，将不被批准。

对于土地复垦中出现的违法行为，《土地复垦条例》进一步明确了各相关人员的法律责任：一是针对监管部门及其工作人员在复垦工作中可能出现的各种徇私舞弊、滥用职权、玩忽职守的行为，包括违法许可、截留、挤占、挪用土地复垦费，在验收中弄虚作假，不依法履行监管职责或者不依法查处违法行为，谋取不正当利益等，规定了依法处分、追究刑事责任等相应的法律责任；二是针对土地复垦义务人在复垦活动中可能出现的各种违法行为，包括未按照规定补充编制土地复垦方案、安排土地复垦费用、进行表土剥离、报告有关情况、缴纳土地复垦费，将重金属污染物或者其他有毒有害物质用作回填或者充填材料，拒绝、阻碍监督检查或者弄虚作假等，规定了责令限期改正、责令停止违法行为、限期治理、罚款、吊销采矿许可证等相应的法律责任。

▶条文参见

《土地管理法实施条例》第56条；《土地复垦条例》第36-43条。

第七十七条　非法占用土地的法律责任

未经批准或者采取欺骗手段骗取批准，非法占用土地的，由县级以上人民政府自然资源主管部门责令退还非法占用的土地，对违反土地利用总体规划擅自将农用地改为建设用地的，限期拆除在非法占用的土地上新建的建筑物和其他设施，恢复土地原状，对符合土地利用总体规划的，没收在非法占用的土地上新建的建筑物和其他设施，可以并处罚款；对非法占用土地单位的直接负责的主管人员和其他直接责任人员，依法给予处分；构成犯罪的，依法追究刑事责任。

超过批准的数量占用土地，多占的土地以非法占用土地论处。

▶理解与适用

未经批准或者采取欺骗手段骗取批准，非法占用土地的违法行为主要包括两个方面：一是未经审批或者采取欺骗手段骗取用地审批而占用土地的。主要包括：(1) 建设单位或者个人未经用地审批或者采取欺骗手段骗取批准而占用土地的；(2) 举办乡镇企业未经批准使用农民集体所有的土地的；(3) 乡（镇）、村公共设施和公益事业建设未经批准或者采取欺骗手段骗取批准，占用农民集体所有的土地进行建设的；(4) 建设项目施工和地质勘查未经批准或者采取欺骗手段骗取批准，临时使用国有土地或者农民集体所有的土地的；(5) 其他未经用地审批占用土地的行为。二是占用土地涉及农用地改为建设用地，未取得农用地转用审批或者采取欺骗手段骗取农用地转用审批的行为。此外，根据本条第2款规定，属于超过批准的数量占用土地的，多占的土地以非法占用土地论处。

未经合法批准占用土地的，如若非法占用后的土地仍符合国土空间规划，则应没收在非法占用的土地上新建的建筑物和其他设施；若非法占用并擅自将农用地改为建设用地，违反国土空间规划的，应限期拆除在非法占用的土地上新建的建筑物和其他设施，恢复土地原状。

▶条文参见

《刑法》第342条；《土地管理法实施条例》第57、58条；《违反土地管理规定行为处分办法》

▶典型案例指引

卢某某等与某国土资源局等土地行政处罚纠纷上诉案（宁波市中级人民法院行政判决书〔2009〕浙甬行终字第116号）

案件适用要点：《土地管理法》第76条规定的"可以并处罚款"是裁量性规范，土地行政主管部门可以根据具体情况选择适用。涉案国土资源局基于土地性质，对行为人行为表现及行为后果综合进行考量，决定不予并处罚款，并未超出自由裁量范围，也不存在不当情形，行政处罚行为合法有效。

第七十八条　非法占用土地建住宅的法律责任

> 农村村民未经批准或者采取欺骗手段骗取批准，非法占用土地建住宅的，由县级以上人民政府农业农村主管部门责令退还非法占用的土地，限期拆除在非法占用的土地上新建的房屋。
>
> 超过省、自治区、直辖市规定的标准，多占的土地以非法占用土地论处。

▶理解与适用

农村村民非法占用土地建住宅的行为，主要包括以下几种情形：一是农村村民占用土地建住宅，未经乡（镇）人民政府审核批准，或者骗取批准的。二是农村村民占用土地建住宅，面积超过省、自治区、直辖市规定的标准的。三是农村村民占用永久基本农田建住宅的。四是农村村民出卖、出租、赠与住宅后，再占用土地建住宅的。五是农村村民占用土地建住宅，涉及农用地转用，未按照本法第44条办理农用地转用审批手续的。

需要注意的是，本条的违法主体仅限于农村村民，处罚的是违反农村宅基地管理方面规定的违法行为。对于非农村村民非法占用土地建住宅的，适用本法第77条非法占用土地的法律责任。

▶典型案例指引

黄某权、某县自然资源局土地行政管理纠纷申请再审案（江西省高级人民法院行政裁定书〔2019〕赣行申320号）

案件适用要点：《中华人民共和国土地管理法》第七十七条第一款规定："农村村民未经批准或者采取欺骗手段骗取批准，非法占用土地建住宅的，由县级以上人民政府土地行政主管部门责令退还非法占用的土地,限期拆除在非法占用的土地上新建的房屋。"本案中,再审申请人黄某权的涉案房屋未依法取得用地审批手续,原某县国土资源局根据上述规定作出被诉行政处罚决定,责令黄某权退还非法占用的土地,限期拆除涉案房屋并无不当。原某县国土资源局作出被诉行政处罚决定前,进行了立案、调查取证,向黄某权告知拟作出行政处罚决定的事实、理由、依据以及享有陈述、申辩和申请听证的权利,作出被诉行政处罚决定后向黄某权依法送达,该行政处罚程序并无不妥。

第七十九条　非法批准征收、使用土地的法律责任

> 无权批准征收、使用土地的单位或者个人非法批准占用土地的,超越批准权限非法批准占用土地的,不按照土地利用总体规划确定的用途批准用地的,或者违反法律规定的程序批准占用、征收土地的,其批准文件无效,对非法批准征收、使用土地的直接负责的主管人员和其他直接责任人员,依法给予处分;构成犯罪的,依法追究刑事责任。非法批准、使用的土地应当收回,有关当事人拒不归还的,以非法占用土地论处。
>
> 非法批准征收、使用土地,对当事人造成损失的,依法应当承担赔偿责任。

▶条文参见

《土地管理法》第44、46、57条;《刑法》第410条;《违反土地管理规定行为处分办法》;《最高人民法院关于审理破坏土地资源刑事案件具体应用法律若干问题的解释》第4、5条;《全国人民代表大会常务委员会关于〈中华人民共和国刑法〉第二百二十八条、第三百四十二条、第四百一十条的解释》

第八十条　非法侵占、挪用征地补偿费的法律责任

> 侵占、挪用被征收土地单位的征地补偿费用和其他有关费用，构成犯罪的，依法追究刑事责任；尚不构成犯罪的，依法给予处分。

▶理解与适用

所谓侵占，是指侵吞、盗窃、骗取或者以其他非法手段将公共财物占为己有的行为。所谓挪用，是指将公共财物挪作他用的行为。本条所规定的侵占、挪用的对象为被征收土地单位的征地补偿费用和其他有关费用。征地补偿费用包括征收农用地的土地补偿费、安置补助费以及征收农用地以外的其他土地、地上附着物和青苗等的补偿费。其他有关费用是指与征收集体土地有关的其他费用，例如征收农村村民住宅，对征收造成的搬迁、临时安置等给予的补偿费用。侵占、挪用征地补偿费可能构成贪污罪、挪用公款罪、侵占罪以及挪用公司、企业或者其他单位资金罪。

▶条文参见

《刑法》第271、272、382、384条；《土地管理法实施条例》第64条；《违反土地管理规定行为处分办法》

第八十一条　拒不交还土地、不按照批准用途使用土地的法律责任

> 依法收回国有土地使用权当事人拒不交出土地的，临时使用土地期满拒不归还的，或者不按照批准的用途使用国有土地的，由县级以上人民政府自然资源主管部门责令交还土地，处以罚款。

▶理解与适用

在下列三种情况下，当事人应当交还土地：(1) 依法收回国

91

有土地使用权的，如因为公共利益的需要、旧城区改造或土地被闲置等原因；(2) 临时使用土地期满；(3) 不按照批准的用途使用国有土地的。若在上述情况发生时，当事人拒不交还土地，则应当受到相应的行政处罚，由县级以上人民政府自然资源主管部门责令交出土地，并处以罚款，罚款额为非法占用土地每平方米100元以上500元以下；拒不交出土地的，申请人民法院强制执行。

▶条文参见

《土地管理法实施条例》第59条

第八十二条　擅自将集体土地用于非农业建设和集体经营性建设用地违法入市的法律责任

擅自将农民集体所有的土地通过出让、转让使用权或者出租等方式用于非农业建设，或者违反本法规定，将集体经营性建设用地通过出让、出租等方式交由单位或者个人使用的，由县级以上人民政府自然资源主管部门责令限期改正，没收违法所得，并处罚款。

▶理解与适用

擅自将农民集体所有的土地通过出让、转让使用权或者出租等方式用于非农业建设，是指没有法律依据或者未经法律规定的程序，通过出让、转让或者出租等方式将集体土地用于非农业建设。本法相关条款，如第60条、第61条、第62条等对农民集体所有土地使用权的出让、转让或者出租作出了规定。违反这些规定，未办理相关手续即将集体土地交给他人用于非农业建设的，对转让方给予本条规定的处罚。

集体经营性建设用地违法入市的行为主要有以下几种：(1) 不符合国土空间规划规定的土地用途。(2) 未经依法登记。(3) 入市主体不符合法律规定。(4) 未签订书面合同明确权利义务。(5) 未经村集体民主决策。(6) 不符合土地利用年度计划。

上述违法行为的法律责任包括：（1）责令限期改正。对于上述违法行为，应当由县级以上人民政府自然资源主管部门责令限期改正，将违法行为恢复到合法状态，给其他主体造成损失的，应由有过错的一方依法承担民事责任。（2）没收违法所得和罚款。根据本条的规定，没收违法所得和罚款的处罚必须同时适用。罚款额为非法所得的10%以上30%以下。

▶条文参见

《宪法》第10条；《土地管理法实施条例》第60条

第八十三条　责令限期拆除的执行

依照本法规定，责令限期拆除在非法占用的土地上新建的建筑物和其他设施的，建设单位或者个人必须立即停止施工，自行拆除；对继续施工的，作出处罚决定的机关有权制止。建设单位或者个人对责令限期拆除的行政处罚决定不服的，可以在接到责令限期拆除决定之日起十五日内，向人民法院起诉；期满不起诉又不自行拆除的，由作出处罚决定的机关依法申请人民法院强制执行，费用由违法者承担。

▶理解与适用

当事人在接到责令限期拆除的处罚决定后，应当立即停止施工，自行拆除建筑物和其他设施。如果当事人不服该行政处罚决定，在停止施工的同时，可以向作出处罚决定的机关说明情况，要求其撤销处罚决定，也可以依法向上一级行政机关申请行政复议，或者在规定的期限内向人民法院提起行政诉讼。

被处罚的建设单位或者个人对责令限期拆除的行政处罚决定不服的，可以在接到处罚决定之日起15日内，向人民法院提起行政诉讼。本条规定的提起行政诉讼的期间为接到责令限期拆除决定之日起15日内，是特殊的提起行政诉讼的期间，而不是行政诉讼法规定的从当事人知道行政机关作出具体行政行为之日起的6个月。超过上述期限提起行政诉讼的，人民法院可以不予受理。

本法未赋予行政机关强制执行的权力，如果当事人拒不执行其行政处罚决定，作出行政处罚的机关可以向人民法院提出申请，由人民法院强制执行。根据本条的规定，强制执行的费用由违法者承担。

▶条文参见

《土地管理法》第74、77、78条；《行政诉讼法》第97条

第八十四条 自然资源主管部门、农业农村主管部门工作人员违法的法律责任

> 自然资源主管部门、农业农村主管部门的工作人员玩忽职守、滥用职权、徇私舞弊，构成犯罪的，依法追究刑事责任；尚不构成犯罪的，依法给予处分。

▶理解与适用

所谓玩忽职守，是指自然资源主管部门、农业农村主管部门的工作人员不履行、不正确履行或者放弃履行职责的行为。所谓滥用职权，是指自然资源主管部门、农业农村主管部门的工作人员违反法律规定的权限和程序，滥用职权或者超越职权的行为。所谓徇私舞弊，是指自然资源主管部门、农业农村主管部门的工作人员为徇个人私利或者亲友私情而玩忽职守、滥用职权的行为。对于自然资源主管部门、农业农村主管部门工作人员的上述违法行为，任何单位和个人都有权检举和控告，有关部门应当严肃查处，并依法追究其法律责任。

▶条文参见

《刑法》第397、402、410条；《监察法》；《土地管理法实施条例》第65条；《违反土地管理规定行为处分办法》；《最高人民法院关于审理破坏土地资源刑事案件具体应用法律若干问题的解释》第6、7条；《监察部、人力资源和社会保障部、国

土资源部关于适用〈违反土地管理规定行为处分办法〉第三条有关问题的通知》;《公职人员政务处分暂行规定》

第八章 附 则

第八十五条　外商投资企业使用土地的法律适用

外商投资企业使用土地的,适用本法;法律另有规定的,从其规定。

第八十六条　过渡期间有关规划的适用

在根据本法第十八条的规定编制国土空间规划前,经依法批准的土地利用总体规划和城乡规划继续执行。

▶理解与适用

本法第18条对国土空间规划编制要求作出规定,明确了国土空间规划的法律地位,并规定已经编制国土空间规划的,不再编制土地利用总体规划和城乡规划。这一规定为下一步开展国土空间规划编制和实施提供了法律保障。在国土空间规划编制和实施前,土地利用总体规划和城乡规划应当继续执行,依然是土地管理的重要依据,有关行政审批、监督检查等工作应当严格按照土地利用总体规划和城乡规划的要求进行。各地方和有关部门在土地管理工作中,要切实做好土地利用总体规划和城乡规划与国土空间规划在过渡期间的衔接,防止出现执法空白。

▶条文参见

《中共中央、国务院关于建立国土空间规划体系并监督实施的若干意见》

第八十七条　施行时间

本法自1999年1月1日起施行。

实用核心法规

中华人民共和国民法典（节录）

（2020年5月28日第十三届全国人民代表大会第三次会议通过 2020年5月28日中华人民共和国主席令第45号公布 自2021年1月1日起施行）

……

第二章 物权的设立、变更、转让和消灭

第一节 不动产登记

第二百零九条 【不动产物权的登记生效原则及其例外】不动产物权的设立、变更、转让和消灭，经依法登记，发生效力；未经登记，不发生效力，但是法律另有规定的除外。

依法属于国家所有的自然资源，所有权可以不登记。

◆①不动产物权登记，最基本的效力表现为，除法律另有规定外，不动产物权的设立、变更、转让和消灭，经依法登记，发生效力；未经登记，不发生效力。例如，当事人订立了合法有效的买卖房屋合同后，只有依法办理了房屋所有权转让登记后，才发生房屋所有权变动的法律后果；不经登记，法律不认为发生了房屋所有权的变动。

◆这里的"法律另有规定的除外"，主要包括三方面的内容：一是本条第2款所规定的，依法属于国家所有的自然资源，所有权可以不登记。二是本章第三节规定的物权设立、变更、转让或者消灭的一些特殊情况，主要是非依法律行为而发生的物权变动的情形：第一，因

---

① 本书中标有◆的部分，系编者为了帮助读者理解法律条文所增加的条文说明。

人民法院、仲裁机构的法律文书，人民政府的征收决定等，导致物权设立、变更、转让或者消灭的，自法律文书或者征收决定等生效时发生效力；第二，因继承取得物权的，自继承开始时发生效力；第三，因合法建造、拆除房屋等事实行为设立和消灭物权的，自事实行为成就时发生效力。三是考虑到现行法律的规定以及我国的实际情况尤其是农村的实际情况，本法并没有对不动产物权的设立、变更、转让和消灭，一概规定必须经依法登记才发生效力。例如，在土地承包经营权一章中规定，"土地承包经营权自土地承包经营权合同生效时设立"。同时还规定，"土地承包经营权互换、转让，当事人可以向登记机构申请登记；未经登记，不得对抗善意第三人"。这里规定的是"未经登记，不得对抗善意第三人"，而不是"不发生效力"。地役权一章规定，"地役权自地役权合同生效时设立。当事人要求登记的，可以向登记机构申请地役权登记；未经登记，不得对抗善意第三人"。在宅基地使用权一章，也没有规定宅基地使用权必须登记才发生效力，只是规定"已经登记的宅基地使用权转让或者消灭的，应当及时办理变更登记或者注销登记"。也就是说，宅基地使用权不以登记为生效要件。

◆《土地管理法》第12条；《城市房地产管理法》第36、60－62条

第二百一十条 【不动产登记机构和不动产统一登记】不动产登记，由不动产所在地的登记机构办理。

国家对不动产实行统一登记制度。统一登记的范围、登记机构和登记办法，由法律、行政法规规定。

......

第二百一十四条 【不动产物权变动的生效时间】不动产物权的设立、变更、转让和消灭，依照法律规定应当登记的，自记载于不动产登记簿时发生效力。

◆不动产登记簿是法律规定的不动产物权登记机构管理的不动产物权登记档案。

第二百一十五条 【合同效力和物权效力区分】当事人之间订立有关设立、变更、转让和消灭不动产物权的合同，除法律另有规定或者当事人另有约定外，自合同成立时生效；未办理物权登记的，不影响合同效力。

……

第二百二十三条 【不动产登记收费标准的确定】不动产登记费按件收取，不得按照不动产的面积、体积或者价款的比例收取。

……

第三节 其他规定

第二百二十九条 【法律文书、征收决定导致物权变动效力发生时间】因人民法院、仲裁机构的法律文书或者人民政府的征收决定等，导致物权设立、变更、转让或者消灭的，自法律文书或者征收决定等生效时发生效力。

◆因国家司法裁判权的行使、仲裁裁决而导致物权的设立、变更、转让或者消灭。基于国家司法裁判权的行使、仲裁裁决而产生的生效法律文书，即人民法院的判决书、调解书以及仲裁委员会的裁决书、调解书等法律文书的生效时间，就是当事人的物权设立、变动的时间。导致物权变动的人民法院判决或者仲裁委员会的裁决等法律文书，指直接为当事人创设或者变动物权的判决书、裁决书、调解书等。例如离婚诉讼中确定当事人一方享有某项不动产的判决、分割不动产的判决、使原所有人恢复所有权的判决即属于本条所规定的设权、确权等判决。

◆因国家行政管理权的行使而导致物权的设立、变更、转让或者消灭。因国家行政管理权的行使而导致物权变动的情况，主要指因人民政府的征收决定等而产生的物权变动。

第二百三十条 【因继承取得物权的生效时间】因继承取得物权的，自继承开始时发生效力。

第二百三十一条 【因事实行为设立或者消灭物权的生效时间】因合法建造、拆除房屋等事实行为设立或者消灭物权的，自事实行为成就时发生效力。

第二百三十二条 【非依民事法律行为享有的不动产物权变动】处分依照本节规定享有的不动产物权，依照法律规定需要办理登记的，未经登记，不发生物权效力。

第三章 物权的保护

第二百三十三条 【物权保护争讼程序】物权受到侵害的，权利人可以通过和解、调解、仲裁、诉讼等途径解决。

第二百三十四条 【物权确认请求权】因物权的归属、内容发生争议的，利害关系人可以请求确认权利。

……

第二百四十二条 【国家专有】法律规定专属于国家所有的不动产和动产，任何组织或者个人不能取得所有权。

第二百四十三条 【征收】为了公共利益的需要，依照法律规定的权限和程序可以征收集体所有的土地和组织、个人的房屋以及其他不动产。

征收集体所有的土地，应当依法及时足额支付土地补偿费、安置补助费以及农村村民住宅、其他地上附着物和青苗等的补偿费用，并安排被征地农民的社会保障费用，保障被征地农民的生活，维护被征地农民的合法权益。

征收组织、个人的房屋以及其他不动产，应当依法给予征收补偿，维护被征收人的合法权益；征收个人住宅的，还应当保障被征收人的居住条件。

任何组织或者个人不得贪污、挪用、私分、截留、拖欠征收补偿费等费用。

◆ 征收是国家以行政权取得集体、组织和个人的财产所有权的行为。征收的主体是国家，通常是政府部门以行政命令的方式从集体、组织和个人处取得土地、房屋等财产，集体、组织和个人必须服从。征收导致所有权的丧失，当然对所有权人造成损害。因此，征收虽然是被许可的行为，但通常都附有严格的法定条件的限制。

◆《土地管理法》第2、45－49、51、80条

第二百四十四条 【保护耕地与禁止违法征地】国家对耕地实行特殊保护，严格限制农用地转为建设用地，控制建设用地总量。不得违反法律规定的权限和程序征收集体所有的土地。

第二百四十五条 【征用】因抢险救灾、疫情防控等紧急需要，依照法律规定的权限和程序可以征用组织、个人的不动产或者动产。被征用的不动产或者动产使用后，应当返还被征用人。组织、个人的不动产或者动产被征用或者征用后毁损、灭失的，应当给予补偿。

◆ 征用是国家强制使用组织、个人的财产。强制使用就是不必得

到所有权人的同意，在国家有紧急需要时即直接使用。国家以行政权命令征用财产，被征用的组织、个人必须服从，这一点与征收相同。但征收是剥夺所有权，征用只是在紧急状态下强制使用组织、个人的财产，紧急状态结束后被征用的财产要返还给被征用的组织、个人，因此征用与征收有所不同。

第五章　国家所有权和集体所有权、私人所有权

……

第二百六十条　【集体财产范围】集体所有的不动产和动产包括：

（一）法律规定属于集体所有的土地和森林、山岭、草原、荒地、滩涂；

（二）集体所有的建筑物、生产设施、农田水利设施；

（三）集体所有的教育、科学、文化、卫生、体育等设施；

（四）集体所有的其他不动产和动产。

第二百六十一条　【农民集体所有财产归属及重大事项集体决定】农民集体所有的不动产和动产，属于本集体成员集体所有。

下列事项应当依照法定程序经本集体成员决定：

（一）土地承包方案以及将土地发包给本集体以外的组织或者个人承包；

（二）个别土地承包经营权人之间承包地的调整；

（三）土地补偿费等费用的使用、分配办法；

（四）集体出资的企业的所有权变动等事项；

（五）法律规定的其他事项。

第二百六十二条　【行使集体所有权的主体】对于集体所有的土地和森林、山岭、草原、荒地、滩涂等，依照下列规定行使所有权：

（一）属于村农民集体所有的，由村集体经济组织或者村民委员会依法代表集体行使所有权；

（二）分别属于村内两个以上农民集体所有的，由村内各该集体经济组织或者村民小组依法代表集体行使所有权；

（三）属于乡镇农民集体所有的，由乡镇集体经济组织代表集体行使所有权。

第二百六十三条 【城镇集体财产权利】城镇集体所有的不动产和动产，依照法律、行政法规的规定由本集体享有占有、使用、收益和处分的权利。

第二百六十四条 【集体财产状况的公布】农村集体经济组织或者村民委员会、村民小组应当依照法律、行政法规以及章程、村规民约向本集体成员公布集体财产的状况。集体成员有权查阅、复制相关资料。

第二百六十五条 【集体财产的保护】集体所有的财产受法律保护，禁止任何组织或者个人侵占、哄抢、私分、破坏。

农村集体经济组织、村民委员会或者其负责人作出的决定侵害集体成员合法权益的，受侵害的集体成员可以请求人民法院予以撤销。

……

第三分编　用益物权

第十章　一般规定

第三百二十三条 【用益物权的定义】用益物权人对他人所有的不动产或者动产，依法享有占有、使用和收益的权利。

第三百二十四条 【国家和集体所有的自然资源的使用规则】国家所有或者国家所有由集体使用以及法律规定属于集体所有的自然资源，组织、个人依法可以占有、使用和收益。

第三百二十五条 【自然资源有偿使用制度】国家实行自然资源有偿使用制度，但是法律另有规定的除外。

第三百二十六条 【用益物权的行使规范】用益物权人行使权利，应当遵守法律有关保护和合理开发利用资源、保护生态环境的规定。所有权人不得干涉用益物权人行使权利。

第三百二十七条 【被征收、征用时用益物权人的补偿请求权】因不动产或者动产被征收、征用致使用益物权消灭或者影响用益物权行使的，用益物权人有权依据本法第二百四十三条、第二百四十五条的规定获得相应补偿。

……

第十一章　土地承包经营权

第三百三十条　【农村土地承包经营】农村集体经济组织实行家庭承包经营为基础、统分结合的双层经营体制。

农民集体所有和国家所有由农民集体使用的耕地、林地、草地以及其他用于农业的土地，依法实行土地承包经营制度。

◆农村土地承包采取农村集体经济组织内部的家庭承包方式，不宜采取家庭承包方式的荒山、荒沟、荒丘、荒滩等农村土地，可以采取招标、拍卖、公开协商等方式承包。（参见《农村土地承包法》第3条）

农民集体所有的土地依法属于村农民集体所有的，由村集体经济组织或者村民委员会发包；已经分别属于村内两个以上农村集体经济组织的农民集体所有的，由村内各该农村集体经济组织或者村民小组发包。村集体经济组织或者村民委员会发包的，不得改变村内各集体经济组织农民集体所有的土地的所有权。国家所有依法由农民集体使用的农村土地，由使用该土地的农村集体经济组织、村民委员会或者村民小组发包。（参见《农村土地承包法》第13条）

土地承包应当遵循以下原则：（一）按照规定统一组织承包时，本集体经济组织成员依法平等地行使承包土地的权利，也可以自愿放弃承包土地的权利；（二）民主协商，公平合理；（三）承包方案应当按照农村土地承包法第十三条的规定，依法经本集体经济组织成员的村民会议三分之二以上成员或者三分之二以上村民代表的同意；（四）承包程序合法。（参见《农村土地承包法》第19条）

第三百三十一条　【土地承包经营权内容】土地承包经营权人依法对其承包经营的耕地、林地、草地等享有占有、使用和收益的权利，有权从事种植业、林业、畜牧业等农业生产。

第三百三十二条　【土地的承包期限】耕地的承包期为三十年。草地的承包期为三十年至五十年。林地的承包期为三十年至七十年。

前款规定的承包期限届满，由土地承包经营权人依照农村土地承包的法律规定继续承包。

第三百三十三条　【土地承包经营权的设立与登记】土地承包经

营权自土地承包经营权合同生效时设立。

登记机构应当向土地承包经营权人发放土地承包经营权证、林权证等证书，并登记造册，确认土地承包经营权。

◆土地承包经营合同生效后，发包方不得因承办人或者负责人的变动而变更或者解除，也不得因集体经济组织的分立或者合并而变更或者解除。

◆《农村土地承包法》第23－25条

第三百三十四条 【土地承包经营权的互换、转让】土地承包经营权人依照法律规定，有权将土地承包经营权互换、转让。未经依法批准，不得将承包地用于非农建设。

第三百三十五条 【土地承包经营权流转的登记对抗主义】土地承包经营权互换、转让的，当事人可以向登记机构申请登记；未经登记，不得对抗善意第三人。

第三百三十六条 【承包地的调整】承包期内发包人不得调整承包地。

因自然灾害严重毁损承包地等特殊情形，需要适当调整承包的耕地和草地的，应当依照农村土地承包的法律规定办理。

◆承包期内，发包方不得调整承包地。承包期内，因自然灾害严重毁损承包地等特殊情形对个别农户之间承包的耕地和草地需要适当调整的，必须经本集体经济组织成员的村民会议三分之二以上成员或者三分之二以上村民代表的同意，并报乡（镇）人民政府和县级人民政府农业农村、林业和草原等主管部门批准。承包合同中约定不得调整的，按照其约定。

下列土地应当用于调整承包土地或者承包给新增人口：（一）集体经济组织依法预留的机动地；（二）通过依法开垦等方式增加的；（三）发包方依法收回和承包方依法、自愿交回的。（参见《农村土地承包法》第28、29条）

第三百三十七条 【承包地的收回】承包期内发包人不得收回承包地。法律另有规定的，依照其规定。

◆承包期内，发包方不得收回承包地。国家保护进城农户的土地承包经营权。不得以退出土地承包经营权作为农户进城落户的条件。

103

承包期内，承包农户进城落户的，引导支持其按照自愿有偿原则依法在本集体经济组织内转让土地承包经营权或者将承包地交回发包方，也可以鼓励其流转土地经营权。承包期内，承包方交回承包地或者发包方依法收回承包地时，承包方对其在承包地上投入而提高土地生产能力的，有权获得相应的补偿。（参见《农村土地承包法》第27条）

第三百三十八条 【征收承包地的补偿规则】承包地被征收的，土地承包经营权人有权依据本法第二百四十三条的规定获得相应补偿。

第三百三十九条 【土地经营权的流转】土地承包经营权人可以自主决定依法采取出租、入股或者其他方式向他人流转土地经营权。

第三百四十条 【土地经营权人的基本权利】土地经营权人有权在合同约定的期限内占有农村土地，自主开展农业生产经营并取得收益。

第三百四十一条 【土地经营权的设立与登记】流转期限为五年以上的土地经营权，自流转合同生效时设立。当事人可以向登记机构申请土地经营权登记；未经登记，不得对抗善意第三人。

第三百四十二条 【以其他方式承包取得的土地经营权流转】通过招标、拍卖、公开协商等方式承包农村土地，经依法登记取得权属证书的，可以依法采取出租、入股、抵押或者其他方式流转土地经营权。

第三百四十三条 【国有农用地承包经营的法律适用】国家所有的农用地实行承包经营的，参照适用本编的有关规定。

第十二章　建设用地使用权

第三百四十四条 【建设用地使用权的概念】建设用地使用权人依法对国家所有的土地享有占有、使用和收益的权利，有权利用该土地建造建筑物、构筑物及其附属设施。

……

第三百四十七条 【建设用地使用权的出让方式】设立建设用地使用权，可以采取出让或者划拨等方式。

工业、商业、旅游、娱乐和商品住宅等经营性用地以及同一土地有两个以上意向用地者的，应当采取招标、拍卖等公开竞价的方式出让。

严格限制以划拨方式设立建设用地使用权。

第三百四十八条 【建设用地使用权出让合同】通过招标、拍卖、协议等出让方式设立建设用地使用权的，当事人应当采用书面形式订立建设用地使用权出让合同。

建设用地使用权出让合同一般包括下列条款：

（一）当事人的名称和住所；
（二）土地界址、面积等；
（三）建筑物、构筑物及其附属设施占用的空间；
（四）土地用途、规划条件；
（五）建设用地使用权期限；
（六）出让金等费用及其支付方式；
（七）解决争议的方法。

第三百四十九条 【建设用地使用权的登记】设立建设用地使用权的，应当向登记机构申请建设用地使用权登记。建设用地使用权自登记时设立。登记机构应当向建设用地使用权人发放权属证书。

第三百五十条 【土地用途限定规则】建设用地使用权人应当合理利用土地，不得改变土地用途；需要改变土地用途的，应当依法经有关行政主管部门批准。

第三百五十一条 【建设用地使用权人支付出让金等费用的义务】建设用地使用权人应当依照法律规定以及合同约定支付出让金等费用。

……

第三百五十八条 【建设用地使用权的提前收回及其补偿】建设用地使用权期限届满前，因公共利益需要提前收回该土地的，应当依据本法第二百四十三条的规定对该土地上的房屋以及其他不动产给予补偿，并退还相应的出让金。

……

第十三章 宅基地使用权

第三百六十二条 【宅基地使用权内容】宅基地使用权人依法对集体所有的土地享有占有和使用的权利，有权依法利用该土地建造住宅及其附属设施。

第三百六十三条　【宅基地使用权的法律适用】宅基地使用权的取得、行使和转让，适用土地管理的法律和国家有关规定。

……

中华人民共和国土地管理法实施条例

（1998年12月27日中华人民共和国国务院令第256号发布　根据2011年1月8日《国务院关于废止和修改部分行政法规的决定》第一次修订　根据2014年7月29日《国务院关于修改部分行政法规的决定》第二次修订　2021年7月2日中华人民共和国国务院令第743号第三次修订）

第一章　总　　则

第一条　根据《中华人民共和国土地管理法》（以下简称《土地管理法》），制定本条例。

第二章　国土空间规划

第二条　国家建立国土空间规划体系。

土地开发、保护、建设活动应当坚持规划先行。经依法批准的国土空间规划是各类开发、保护、建设活动的基本依据。

已经编制国土空间规划的，不再编制土地利用总体规划和城乡规划。在编制国土空间规划前，经依法批准的土地利用总体规划和城乡规划继续执行。

第三条　国土空间规划应当细化落实国家发展规划提出的国土空间开发保护要求，统筹布局农业、生态、城镇等功能空间，划定落实永久基本农田、生态保护红线和城镇开发边界。

国土空间规划应当包括国土空间开发保护格局和规划用地布局、结构、用途管制要求等内容，明确耕地保有量、建设用地规模、禁止开垦的范围等要求，统筹基础设施和公共设施用地布局，综合利用地上地下空间，合理确定并严格控制新增建设用地规模，提高土地节约集约利用水平，保障土地的可持续利用。

第四条　土地调查应当包括下列内容：

（一）土地权属以及变化情况；

（二）土地利用现状以及变化情况；

（三）土地条件。

全国土地调查成果，报国务院批准后向社会公布。地方土地调查成果，经本级人民政府审核，报上一级人民政府批准后向社会公布。全国土地调查成果公布后，县级以上地方人民政府方可自上而下逐级依次公布本行政区域的土地调查成果。

土地调查成果是编制国土空间规划以及自然资源管理、保护和利用的重要依据。

土地调查技术规程由国务院自然资源主管部门会同有关部门制定。

第五条　国务院自然资源主管部门会同有关部门制定土地等级评定标准。

县级以上人民政府自然资源主管部门应当会同有关部门根据土地等级评定标准，对土地等级进行评定。地方土地等级评定结果经本级人民政府审核，报上一级人民政府自然资源主管部门批准后向社会公布。

根据国民经济和社会发展状况，土地等级每五年重新评定一次。

第六条　县级以上人民政府自然资源主管部门应当加强信息化建设，建立统一的国土空间基础信息平台，实行土地管理全流程信息化管理，对土地利用状况进行动态监测，与发展改革、住房和城乡建设等有关部门建立土地管理信息共享机制，依法公开土地管理信息。

第七条　县级以上人民政府自然资源主管部门应当加强地籍管理，建立健全地籍数据库。

第三章　耕地保护

第八条　国家实行占用耕地补偿制度。在国土空间规划确定的城市和村庄、集镇建设用地范围内经依法批准占用耕地，以及在国土空间规划确定的城市和村庄、集镇建设用地范围外的能源、交通、水利、矿山、军事设施等建设项目经依法批准占用耕地的，分别由县级人民政府、农村集体经济组织和建设单位负责开垦与所占用耕地的数量和质量相当的耕地；没有条件开垦或者开垦的耕地不符合要求的，应当按照省、自治区、直辖市的规定缴纳耕地开垦费，专款用于开垦新的耕地。

省、自治区、直辖市人民政府应当组织自然资源主管部门、农业农村主管部门对开垦的耕地进行验收，确保开垦的耕地落实到地块。划入永久基本农田的还应当纳入国家永久基本农田数据库严格管理。占用耕地补充情况应当按照国家有关规定向社会公布。

个别省、直辖市需要易地开垦耕地的，依照《土地管理法》第三十二条的规定执行。

第九条 禁止任何单位和个人在国土空间规划确定的禁止开垦的范围内从事土地开发活动。

按照国土空间规划，开发未确定土地使用权的国有荒山、荒地、荒滩从事种植业、林业、畜牧业、渔业生产的，应当向土地所在地的县级以上地方人民政府自然资源主管部门提出申请，按照省、自治区、直辖市规定的权限，由县级以上地方人民政府批准。

第十条 县级人民政府应当按照国土空间规划关于统筹布局农业、生态、城镇等功能空间的要求，制定土地整理方案，促进耕地保护和土地节约集约利用。

县、乡（镇）人民政府应当组织农村集体经济组织，实施土地整理方案，对闲散地和废弃地有计划地整治、改造。土地整理新增耕地，可以用作建设所占用耕地的补充。

鼓励社会主体依法参与土地整理。

第十一条 县级以上地方人民政府应当采取措施，预防和治理耕地土壤流失、污染，有计划地改造中低产田，建设高标准农田，提高耕地质量，保护黑土地等优质耕地，并依法对建设所占用耕地耕作层的土壤利用作出合理安排。

非农业建设依法占用永久基本农田的，建设单位应当按照省、自治区、直辖市的规定，将所占用耕地耕作层的土壤用于新开垦耕地、劣质地或者其他耕地的土壤改良。

县级以上地方人民政府应当加强对农业结构调整的引导和管理，

防止破坏耕地耕作层；设施农业用地不再使用的，应当及时组织恢复种植条件。

第十二条 国家对耕地实行特殊保护，严守耕地保护红线，严格控制耕地转为林地、草地、园地等其他农用地，并建立耕地保护补偿制度，具体办法和耕地保护补偿实施步骤由国务院自然资源主管部门会同有关部门规定。

非农业建设必须节约使用土地，可以利用荒地的，不得占用耕地；可以利用劣地的，不得占用好地。禁止占用耕地建窑、建坟或者擅自在耕地上建房、挖砂、采石、采矿、取土等。禁止占用永久基本农田发展林果业和挖塘养鱼。

耕地应当优先用于粮食和棉、油、糖、蔬菜等农产品生产。按照国家有关规定需要将耕地转为林地、草地、园地等其他农用地的，应当优先使用难以长期稳定利用的耕地。

第十三条 省、自治区、直辖市人民政府对本行政区域耕地保护负总责，其主要负责人是本行政区域耕地保护的第一责任人。

省、自治区、直辖市人民政府应当将国务院确定的耕地保有量和永久基本农田保护任务分解下达，落实到具体地块。

国务院对省、自治区、直辖市人民政府耕地保护责任目标落实情况进行考核。

第四章 建设用地

第一节 一般规定

第十四条 建设项目需要使用土地的，应当符合国土空间规划、土地利用年度计划和用途管制以及节约资源、保护生态环境的要求，并严格执行建设用地标准，优先使用存量建设用地，提高建设用地使用效率。

从事土地开发利用活动，应当采取有效措施，防止、减少土壤污染，并确保建设用地符合土壤环境质量要求。

第十五条 各级人民政府应当依据国民经济和社会发展规划及年度计划、国土空间规划、国家产业政策以及城乡建设、土地利用的实际状况等，加强土地利用计划管理，实行建设用地总量控制，推动城乡存量建设用地开发利用，引导城镇低效用地再开发，落实建设用地标准控制制度，开展节约集约用地评价，推广应用节地技术和节地模式。

第十六条　县级以上地方人民政府自然资源主管部门应当将本级人民政府确定的年度建设用地供应总量、结构、时序、地块、用途等在政府网站上向社会公布，供社会公众查阅。

第十七条　建设单位使用国有土地，应当以有偿使用方式取得；但是，法律、行政法规规定可以以划拨方式取得的除外。

国有土地有偿使用的方式包括：

（一）国有土地使用权出让；

（二）国有土地租赁；

（三）国有土地使用权作价出资或者入股。

第十八条　国有土地使用权出让、国有土地租赁等应当依照国家有关规定通过公开的交易平台进行交易，并纳入统一的公共资源交易平台体系。除依法可以采取协议方式外，应当采取招标、拍卖、挂牌等竞争性方式确定土地使用者。

第十九条　《土地管理法》第五十五条规定的新增建设用地的土地有偿使用费，是指国家在新增建设用地中应取得的平均土地纯收益。

第二十条　建设项目施工、地质勘查需要临时使用土地的，应当尽量不占或者少占耕地。

临时用地由县级以上人民政府自然资源主管部门批准，期限一般不超过二年；建设周期较长的能源、交通、水利等基础设施建设使用的临时用地，期限不超过四年；法律、行政法规另有规定的除外。

土地使用者应当自临时用地期满之日起一年内完成土地复垦，使其达到可供利用状态，其中占用耕地的应当恢复种植条件。

第二十一条　抢险救灾、疫情防控等急需使用土地的，可以先行使用土地。其中，属于临时用地的，用后应当恢复原状并交还原土地使用者使用，不再办理用地审批手续；属于永久性建设用地的，建设单位应当在不晚于应急处置工作结束六个月内申请补办建设用地审批手续。

第二十二条　具有重要生态功能的未利用地应当依法划入生态保护红线，实施严格保护。

建设项目占用国土空间规划确定的未利用地的，按照省、自治区、直辖市的规定办理。

第二节　农用地转用

第二十三条　在国土空间规划确定的城市和村庄、集镇建设用地范围内，为实施该规划而将农用地转为建设用地的，由市、县人民政府组织自然资源等部门拟订农用地转用方案，分批次报有批准权的人民政府批准。

农用地转用方案应当重点对建设项目安排、是否符合国土空间规划和土地利用年度计划以及补充耕地情况作出说明。

农用地转用方案经批准后，由市、县人民政府组织实施。

第二十四条　建设项目确需占用国土空间规划确定的城市和村庄、集镇建设用地范围外的农用地，涉及占用永久基本农田的，由国务院批准；不涉及占用永久基本农田的，由国务院或者国务院授权的省、自治区、直辖市人民政府批准。具体按照下列规定办理：

（一）建设项目批准、核准前或者备案前后，由自然资源主管部门对建设项目用地事项进行审查，提出建设项目用地预审意见。建设项目需要申请核发选址意见书的，应当合并办理建设项目用地预审与选址意见书，核发建设项目用地预审与选址意见书。

（二）建设单位持建设项目的批准、核准或者备案文件，向市、县人民政府提出建设用地申请。市、县人民政府组织自然资源等部门拟订农用地转用方案，报有批准权的人民政府批准；依法应当由国务院批准的，由省、自治区、直辖市人民政府审核后上报。农用地转用方案应当重点对是否符合国土空间规划和土地利用年度计划以及补充耕地情况作出说明，涉及占用永久基本农田的，还应当对占用永久基本农田的必要性、合理性和补划可行性作出说明。

（三）农用地转用方案经批准后，由市、县人民政府组织实施。

第二十五条　建设项目需要使用土地的，建设单位原则上应当一次申请，办理建设用地审批手续，确需分期建设的项目，可以根据可行性研究报告确定的方案，分期申请建设用地，分期办理建设用地审批手续。建设过程中用地范围确需调整的，应当依法办理建设用地审批手续。

农用地转用涉及征收土地的，还应当依法办理征收土地手续。

第三节 土地征收

第二十六条 需要征收土地，县级以上地方人民政府认为符合《土地管理法》第四十五条规定的，应当发布征收土地预公告，并开展拟征收土地现状调查和社会稳定风险评估。

征收土地预公告应当包括征收范围、征收目的、开展土地现状调查的安排等内容。征收土地预公告应当采用有利于社会公众知晓的方式，在拟征收土地所在的乡（镇）和村、村民小组范围内发布，预公告时间不少于十个工作日。自征收土地预公告发布之日起，任何单位和个人不得在拟征收范围内抢栽抢建；违反规定抢栽抢建的，对抢栽抢建部分不予补偿。

土地现状调查应当查明土地的位置、权属、地类、面积，以及农村村民住宅、其他地上附着物和青苗等的权属、种类、数量等情况。

社会稳定风险评估应当对征收土地的社会稳定风险状况进行综合研判，确定风险点，提出风险防范措施和处置预案。社会稳定风险评估应当有被征地的农村集体经济组织及其成员、村民委员会和其他利害关系人参加，评估结果是申请征收土地的重要依据。

第二十七条 县级以上地方人民政府应当依据社会稳定风险评估结果，结合土地现状调查情况，组织自然资源、财政、农业农村、人力资源和社会保障等有关部门拟定征地补偿安置方案。

征地补偿安置方案应当包括征收范围、土地现状、征收目的、补偿方式和标准、安置对象、安置方式、社会保障等内容。

第二十八条 征地补偿安置方案拟定后，县级以上地方人民政府应当在拟征收土地所在的乡（镇）和村、村民小组范围内公告，公告时间不少于三十日。

征地补偿安置公告应当同时载明办理补偿登记的方式和期限、异议反馈渠道等内容。

多数被征地的农村集体经济组织成员认为拟定的征地补偿安置方案不符合法律、法规规定的，县级以上地方人民政府应当组织听证。

第二十九条 县级以上地方人民政府根据法律、法规规定和听证会等情况确定征地补偿安置方案后，应当组织有关部门与拟征收土地的所有权人、使用权人签订征地补偿安置协议。征地补偿安置协议示范文本由省、自治区、直辖市人民政府制定。

对个别确实难以达成征地补偿安置协议的，县级以上地方人民政府应当在申请征收土地时如实说明。

第三十条　县级以上地方人民政府完成本条例规定的征地前期工作后，方可提出征收土地申请，依照《土地管理法》第四十六条的规定报有批准权的人民政府批准。

有批准权的人民政府应当对征收土地的必要性、合理性、是否符合《土地管理法》第四十五条规定的为了公共利益确需征收土地的情形以及是否符合法定程序进行审查。

第三十一条　征收土地申请经依法批准后，县级以上地方人民政府应当自收到批准文件之日起十五个工作日内在拟征收土地所在的乡（镇）和村、村民小组范围内发布征收土地公告，公布征收范围、征收时间等具体工作安排，对个别未达成征地补偿安置协议的应当作出征地补偿安置决定，并依法组织实施。

第三十二条　省、自治区、直辖市应当制定公布区片综合地价，确定征收农用地的土地补偿费、安置补助费标准，并制定土地补偿费、安置补助费分配办法。

地上附着物和青苗等的补偿费用，归其所有权人所有。

社会保障费用主要用于符合条件的被征地农民的养老保险等社会保险缴费补贴，按照省、自治区、直辖市的规定单独列支。

申请征收土地的县级以上地方人民政府应当及时落实土地补偿费、安置补助费、农村村民住宅以及其他地上附着物和青苗等的补偿费用、社会保障费用等，并保证足额到位，专款专用。有关费用未足额到位的，不得批准征收土地。

第四节　宅基地管理

第三十三条　农村居民点布局和建设用地规模应当遵循节约集约、因地制宜的原则合理规划。县级以上地方人民政府应当按照国家规定安排建设用地指标，合理保障本行政区域农村村民宅基地需求。

乡（镇）、县、市国土空间规划和村庄规划应当统筹考虑农村村民生产、生活需求，突出节约集约用地导向，科学划定宅基地范围。

第三十四条　农村村民申请宅基地的，应当以户为单位向农村集体经济组织提出申请；没有设立农村集体经济组织的，应当向所在的村民小组或者村民委员会提出申请。宅基地申请依法经农村村民集体讨论通过并在本集体范围内公示后，报乡（镇）人民政府审核批准。

涉及占用农用地的，应当依法办理农用地转用审批手续。

第三十五条 国家允许进城落户的农村村民依法自愿有偿退出宅基地。乡（镇）人民政府和农村集体经济组织、村民委员会等应当将退出的宅基地优先用于保障该农村集体经济组织成员的宅基地需求。

第三十六条 依法取得的宅基地和宅基地上的农村村民住宅及其附属设施受法律保护。

禁止违背农村村民意愿强制流转宅基地，禁止违法收回农村村民依法取得的宅基地，禁止以退出宅基地作为农村村民进城落户的条件，禁止强迫农村村民搬迁退出宅基地。

第五节 集体经营性建设用地管理

第三十七条 国土空间规划应当统筹并合理安排集体经营性建设用地布局和用途，依法控制集体经营性建设用地规模，促进集体经营性建设用地的节约集约利用。

鼓励乡村重点产业和项目使用集体经营性建设用地。

第三十八条 国土空间规划确定为工业、商业等经营性用途，且已依法办理土地所有权登记的集体经营性建设用地，土地所有权人可以通过出让、出租等方式交由单位或者个人在一定年限内有偿使用。

第三十九条 土地所有权人拟出让、出租集体经营性建设用地的，市、县人民政府自然资源主管部门应当依据国土空间规划提出拟出让、出租的集体经营性建设用地的规划条件，明确土地界址、面积、用途和开发建设强度等。

市、县人民政府自然资源主管部门应当会同有关部门提出产业准入和生态环境保护要求。

第四十条 土地所有权人应当依据规划条件、产业准入和生态环境保护要求等，编制集体经营性建设用地出让、出租等方案，并依照《土地管理法》第六十三条的规定，由本集体经济组织形成书面意见，在出让、出租前不少于十个工作日报市、县人民政府。市、县人民政府认为该方案不符合规划条件或者产业准入和生态环境保护要求等的，应当在收到方案后五个工作日内提出修改意见。土地所有权人应当按照市、县人民政府的意见进行修改。

集体经营性建设用地出让、出租等方案应当载明宗地的土地界址、面积、用途、规划条件、产业准入和生态环境保护要求、使用期限、交易方式、入市价格、集体收益分配安排等内容。

第四十一条　土地所有权人应当依据集体经营性建设用地出让、出租等方案，以招标、拍卖、挂牌或者协议等方式确定土地使用者，双方应当签订书面合同，载明土地界址、面积、用途、规划条件、使用期限、交易价款支付、交地时间和开工竣工期限、产业准入和生态环境保护要求，约定提前收回的条件、补偿方式、土地使用权届满续期和地上建筑物、构筑物等附着物处理方式，以及违约责任和解决争议的方法等，并报市、县人民政府自然资源主管部门备案。未依法将规划条件、产业准入和生态环境保护要求纳入合同的，合同无效；造成损失的，依法承担民事责任。合同示范文本由国务院自然资源主管部门制定。

第四十二条　集体经营性建设用地使用者应当按照约定及时支付集体经营性建设用地价款，并依法缴纳相关税费，对集体经营性建设用地使用权以及依法利用集体经营性建设用地建造的建筑物、构筑物及其附属设施的所有权，依法申请办理不动产登记。

第四十三条　通过出让等方式取得的集体经营性建设用地使用权依法转让、互换、出资、赠与或者抵押的，双方应当签订书面合同，并书面通知土地所有权人。

集体经营性建设用地的出租，集体建设用地使用权的出让及其最高年限、转让、互换、出资、赠与、抵押等，参照同类用途的国有建设用地执行，法律、行政法规另有规定的除外。

第五章　监督检查

第四十四条　国家自然资源督察机构根据授权对省、自治区、直辖市人民政府以及国务院确定的城市人民政府下列土地利用和土地管理情况进行督察：

（一）耕地保护情况；

（二）土地节约集约利用情况；

（三）国土空间规划编制和实施情况；

（四）国家有关土地管理重大决策落实情况；

（五）土地管理法律、行政法规执行情况；

（六）其他土地利用和土地管理情况。

第四十五条 国家自然资源督察机构进行督察时，有权向有关单位和个人了解督察事项有关情况，有关单位和个人应当支持、协助督察机构工作，如实反映情况，并提供有关材料。

第四十六条 被督察的地方人民政府违反土地管理法律、行政法规，或者落实国家有关土地管理重大决策不力的，国家自然资源督察机构可以向被督察的地方人民政府下达督察意见书，地方人民政府应当认真组织整改，并及时报告整改情况；国家自然资源督察机构可以约谈被督察的地方人民政府有关负责人，并可以依法向监察机关、任免机关等有关机关提出追究相关责任人责任的建议。

第四十七条 土地管理监督检查人员应当经过培训，经考核合格，取得行政执法证件后，方可从事土地管理监督检查工作。

第四十八条 自然资源主管部门、农业农村主管部门按照职责分工进行监督检查时，可以采取下列措施：

（一）询问违法案件涉及的单位或者个人；

（二）进入被检查单位或者个人涉嫌土地违法的现场进行拍照、摄像；

（三）责令当事人停止正在进行的土地违法行为；

（四）对涉嫌土地违法的单位或者个人，在调查期间暂停办理与该违法案件相关的土地审批、登记等手续；

（五）对可能被转移、销毁、隐匿或者篡改的文件、资料予以封存，责令涉嫌土地违法的单位或者个人在调查期间不得变卖、转移与案件有关的财物；

（六）《土地管理法》第六十八条规定的其他监督检查措施。

第四十九条 依照《土地管理法》第七十三条的规定给予处分的，应当按照管理权限由责令作出行政处罚决定或者直接给予行政处罚的上级人民政府自然资源主管部门或者其他任免机关、单位作出。

第五十条 县级以上人民政府自然资源主管部门应当会同有关部门建立信用监管、动态巡查等机制，加强对建设用地供应交易和供后开发利用的监管，对建设用地市场重大失信行为依法实施惩戒，并依法公开相关信息。

第六章 法律责任

第五十一条 违反《土地管理法》第三十七条的规定，非法占用永久基本农田发展林果业或者挖塘养鱼的，由县级以上人民政府自然资源主管部门责令限期改正；逾期不改正的，按占用面积处耕地开垦费2倍以上5倍以下的罚款；破坏种植条件的，依照《土地管理法》第七十五条的规定处罚。

第五十二条 违反《土地管理法》第五十七条的规定，在临时使用的土地上修建永久性建筑物的，由县级以上人民政府自然资源主管部门责令限期拆除，按占用面积处土地复垦费5倍以上10倍以下的罚款；逾期不拆除的，由作出行政决定的机关依法申请人民法院强制执行。

第五十三条 违反《土地管理法》第六十五条的规定，对建筑物、构筑物进行重建、扩建的，由县级以上人民政府自然资源主管部门责令限期拆除；逾期不拆除的，由作出行政决定的机关依法申请人民法院强制执行。

第五十四条 依照《土地管理法》第七十四条的规定处以罚款的，罚款额为违法所得的10%以上50%以下。

第五十五条 依照《土地管理法》第七十五条的规定处以罚款的，罚款额为耕地开垦费的5倍以上10倍以下；破坏黑土地等优质耕地的，从重处罚。

第五十六条 依照《土地管理法》第七十六条的规定处以罚款的，罚款额为土地复垦费的2倍以上5倍以下。

违反本条例规定，临时用地期满之日起一年内未完成复垦或者未恢复种植条件的，由县级以上人民政府自然资源主管部门责令限期改正，依照《土地管理法》第七十六条的规定处罚，并由县级以上人民政府自然资源主管部门会同农业农村主管部门代为完成复垦或者恢复种植条件。

第五十七条 依照《土地管理法》第七十七条的规定处以罚款的，

罚款额为非法占用土地每平方米100元以上1000元以下。

违反本条例规定，在国土空间规划确定的禁止开垦的范围内从事土地开发活动的，由县级以上人民政府自然资源主管部门责令限期改正，并依照《土地管理法》第七十七条的规定处罚。

第五十八条 依照《土地管理法》第七十四条、第七十七条的规定，县级以上人民政府自然资源主管部门没收在非法转让或者非法占用的土地上新建的建筑物和其他设施的，应当于九十日内交由本级人民政府或者其指定的部门依法管理和处置。

第五十九条 依照《土地管理法》第八十一条的规定处以罚款的，罚款额为非法占用土地每平方米100元以上500元以下。

第六十条 依照《土地管理法》第八十二条的规定处以罚款的，罚款额为违法所得的10%以上30%以下。

第六十一条 阻碍自然资源主管部门、农业农村主管部门的工作人员依法执行职务，构成违反治安管理行为的，依法给予治安管理处罚。

第六十二条 违反土地管理法律、法规规定，阻挠国家建设征收土地的，由县级以上地方人民政府责令交出土地；拒不交出土地的，依法申请人民法院强制执行。

第六十三条 违反本条例规定，侵犯农村村民依法取得的宅基地权益的，责令限期改正，对有关责任单位通报批评、给予警告；造成损失的，依法承担赔偿责任；对直接负责的主管人员和其他直接责任人员，依法给予处分。

第六十四条 贪污、侵占、挪用、私分、截留、拖欠征地补偿安置费用和其他有关费用的，责令改正，追回有关款项，限期退还违法所得，对有关责任单位通报批评、给予警告；造成损失的，依法承担赔偿责任；对直接负责的主管人员和其他直接责任人员，依法给予处分。

第六十五条 各级人民政府及自然资源主管部门、农业农村主管部门工作人员玩忽职守、滥用职权、徇私舞弊的，依法给予处分。

第六十六条 违反本条例规定，构成犯罪的，依法追究刑事责任。

第七章　附　　则

第六十七条 本条例自2021年9月1日起施行。

中华人民共和国农村土地承包法

（2002年8月29日第九届全国人民代表大会常务委员会第二十九次会议通过 根据2009年8月27日第十一届全国人民代表大会常务委员会第十次会议《关于修改部分法律的决定》第一次修正 根据2018年12月29日第十三届全国人民代表大会常务委员会第七次会议《关于修改〈中华人民共和国农村土地承包法〉的决定》第二次修正）

第一章 总　　则

第一条　【立法目的】为了巩固和完善以家庭承包经营为基础、统分结合的双层经营体制，保持农村土地承包关系稳定并长久不变，维护农村土地承包经营当事人的合法权益，促进农业、农村经济发展和农村社会和谐稳定，根据宪法，制定本法。

第二条　【农村土地范围】本法所称农村土地，是指农民集体所有和国家所有依法由农民集体使用的耕地、林地、草地，以及其他依法用于农业的土地。

第三条　【农村土地承包经营制度】国家实行农村土地承包经营制度。

农村土地承包采取农村集体经济组织内部的家庭承包方式，不宜采取家庭承包方式的荒山、荒沟、荒丘、荒滩等农村土地，可以采取招标、拍卖、公开协商等方式承包。

第四条　【农村土地承包后土地所有权性质不变】农村土地承包后，土地的所有权性质不变。承包地不得买卖。

第五条　【承包权的主体及对承包权的保护】农村集体经济组织成员有权依法承包由本集体经济组织发包的农村土地。

任何组织和个人不得剥夺和非法限制农村集体经济组织成员承包土地的权利。

第六条　【土地承包经营权男女平等】农村土地承包，妇女与男子享有平等的权利。承包中应当保护妇女的合法权益,任何组织和个人不得剥夺、侵害妇女应当享有的土地承包经营权。

第七条 【公开、公平、公正原则】农村土地承包应当坚持公开、公平、公正的原则,正确处理国家、集体、个人三者的利益关系。

第八条 【集体土地所有者和承包方合法权益的保护】国家保护集体土地所有者的合法权益,保护承包方的土地承包经营权,任何组织和个人不得侵犯。

第九条 【三权分置】承包方承包土地后,享有土地承包经营权,可以自己经营,也可以保留土地承包权,流转其承包地的土地经营权,由他人经营。

第十条 【土地经营权流转的保护】国家保护承包方依法、自愿、有偿流转土地经营权,保护土地经营权人的合法权益,任何组织和个人不得侵犯。

第十一条 【土地资源的保护】农村土地承包经营应当遵守法律、法规,保护土地资源的合理开发和可持续利用。未经依法批准不得将承包地用于非农建设。

国家鼓励增加对土地的投入,培肥地力,提高农业生产能力。

第十二条 【土地承包管理部门】国务院农业农村、林业和草原主管部门分别依照国务院规定的职责负责全国农村土地承包经营及承包经营合同管理的指导。

县级以上地方人民政府农业农村、林业和草原等主管部门分别依照各自职责,负责本行政区域内农村土地承包经营及承包经营合同管理。

乡(镇)人民政府负责本行政区域内农村土地承包经营及承包经营合同管理。

第二章 家庭承包

第一节 发包方和承包方的权利和义务

第十三条 【发包主体】农民集体所有的土地依法属于村农民集体所有的,由村集体经济组织或者村民委员会发包;已经分别属于村内两个以上农村集体经济组织的农民集体所有的,由村内各该农村集体经济组织或者村民小组发包。村集体经济组织或者村民委员会发包的,不得改变村内各集体经济组织农民集体所有的土地的所有权。

国家所有依法由农民集体使用的农村土地,由使用该土地的农村集体经济组织、村民委员会或者村民小组发包。

第十四条 【发包方的权利】发包方享有下列权利:

(一)发包本集体所有的或者国家所有依法由本集体使用的农村土地;

(二)监督承包方依照承包合同约定的用途合理利用和保护土地;

(三)制止承包方损害承包地和农业资源的行为;

(四)法律、行政法规规定的其他权利。

第十五条 【发包方的义务】发包方承担下列义务:

(一)维护承包方的土地承包经营权,不得非法变更、解除承包合同;

(二)尊重承包方的生产经营自主权,不得干涉承包方依法进行正常的生产经营活动;

(三)依照承包合同约定为承包方提供生产、技术、信息等服务;

(四)执行县、乡(镇)土地利用总体规划,组织本集体经济组织内的农业基础设施建设;

(五)法律、行政法规规定的其他义务。

第十六条 【承包主体和家庭成员平等享有权益】家庭承包的承包方是本集体经济组织的农户。

农户内家庭成员依法平等享有承包土地的各项权益。

第十七条 【承包方的权利】承包方享有下列权利:

(一)依法享有承包地使用、收益的权利,有权自主组织生产经营和处置产品;

(二)依法互换、转让土地承包经营权;

(三)依法流转土地经营权;

(四)承包地被依法征收、征用、占用的,有权依法获得相应的补偿;

(五)法律、行政法规规定的其他权利。

第十八条 【承包方的义务】承包方承担下列义务:

(一)维持土地的农业用途,未经依法批准不得用于非农建设;

(二)依法保护和合理利用土地,不得给土地造成永久性损害;

(三)法律、行政法规规定的其他义务。

第二节　承包的原则和程序

第十九条　【土地承包的原则】土地承包应当遵循以下原则：

（一）按照规定统一组织承包时，本集体经济组织成员依法平等地行使承包土地的权利，也可以自愿放弃承包土地的权利；

（二）民主协商，公平合理；

（三）承包方案应当按照本法第十三条的规定，依法经本集体经济组织成员的村民会议三分之二以上成员或者三分之二以上村民代表的同意；

（四）承包程序合法。

第二十条　【土地承包的程序】土地承包应当按照以下程序进行：

（一）本集体经济组织成员的村民会议选举产生承包工作小组；

（二）承包工作小组依照法律、法规的规定拟订并公布承包方案；

（三）依法召开本集体经济组织成员的村民会议，讨论通过承包方案；

（四）公开组织实施承包方案；

（五）签订承包合同。

第三节　承包期限和承包合同

第二十一条　【承包期限】耕地的承包期为三十年。草地的承包期为三十年至五十年。林地的承包期为三十年至七十年。

前款规定的耕地承包期届满后再延长三十年，草地、林地承包期届满后依照前款规定相应延长。

第二十二条　【承包合同】发包方应当与承包方签订书面承包合同。

承包合同一般包括以下条款：

（一）发包方、承包方的名称，发包方负责人和承包方代表的姓名、住所；

（二）承包土地的名称、坐落、面积、质量等级；

（三）承包期限和起止日期；

（四）承包土地的用途；

（五）发包方和承包方的权利和义务；

（六）违约责任。

第二十三条 【承包合同的生效】承包合同自成立之日起生效。承包方自承包合同生效时取得土地承包经营权。

第二十四条 【土地承包经营权登记】国家对耕地、林地和草地等实行统一登记，登记机构应当向承包方颁发土地承包经营权证或者林权证等证书，并登记造册，确认土地承包经营权。

土地承包经营权证或者林权证等证书应当将具有土地承包经营权的全部家庭成员列入。

登记机构除按规定收取证书工本费外，不得收取其他费用。

第二十五条 【承包合同的稳定性】承包合同生效后，发包方不得因承办人或者负责人的变动而变更或者解除，也不得因集体经济组织的分立或者合并而变更或者解除。

第二十六条 【严禁国家机关及其工作人员利用职权干涉农村土地承包或者变更、解除承包合同】国家机关及其工作人员不得利用职权干涉农村土地承包或者变更、解除承包合同。

第四节　土地承包经营权的保护和互换、转让

第二十七条 【承包期内承包地的交回和收回】承包期内，发包方不得收回承包地。

国家保护进城农户的土地承包经营权。不得以退出土地承包经营权作为农户进城落户的条件。

承包期内，承包农户进城落户的，引导支持其按照自愿有偿原则依法在本集体经济组织内转让土地承包经营权或者将承包地交回发包方，也可以鼓励其流转土地经营权。

承包期内，承包方交回承包地或者发包方依法收回承包地时，承包方对其在承包地上投入而提高土地生产能力的，有权获得相应的补偿。

第二十八条 【承包期内承包地的调整】承包期内，发包方不得调整承包地。

承包期内，因自然灾害严重毁损承包地等特殊情形对个别农户之间承包的耕地和草地需要适当调整的，必须经本集体经济组织成员的村民会议三分之二以上成员或者三分之二以上村民代表的同意，并报乡（镇）人民政府和县级人民政府农业农村、林业和草原等主管部门批准。承包合同中约定不得调整的，按照其约定。

第二十九条 【用于调整承包土地或者承包给新增人口的土地】下列土地应当用于调整承包土地或者承包给新增人口：

（一）集体经济组织依法预留的机动地；

（二）通过依法开垦等方式增加的；

（三）发包方依法收回和承包方依法、自愿交回的。

第三十条 【承包期内承包方自愿将承包地交回发包方的处理】承包期内，承包方可以自愿将承包地交回发包方。承包方自愿交回承包地的，可以获得合理补偿，但是应当提前半年以书面形式通知发包方。承包方在承包期内交回承包地的，在承包期内不得再要求承包土地。

第三十一条 【妇女婚姻关系变动对土地承包的影响】承包期内，妇女结婚，在新居住地未取得承包地的，发包方不得收回其原承包地；妇女离婚或者丧偶，仍在原居住地生活或者不在原居住地生活但在新居住地未取得承包地的，发包方不得收回其原承包地。

第三十二条 【承包收益和林地承包权的继承】承包人应得的承包收益，依照继承法的规定继承。

林地承包的承包人死亡，其继承人可以在承包期内继续承包。

第三十三条 【土地承包经营权的互换】承包方之间为方便耕种或者各自需要，可以对属于同一集体经济组织的土地的土地承包经营权进行互换，并向发包方备案。

第三十四条 【土地承包经营权的转让】经发包方同意，承包方可以将全部或者部分的土地承包经营权转让给本集体经济组织的其他农户，由该农户同发包方确立新的承包关系，原承包方与发包方在该土地上的承包关系即行终止。

第三十五条 【土地承包经营权互换、转让的登记】土地承包经营权互换、转让的，当事人可以向登记机构申请登记。未经登记，不得对抗善意第三人。

第五节 土地经营权

第三十六条 【土地经营权设立】承包方可以自主决定依法采取出租（转包）、入股或者其他方式向他人流转土地经营权，并向发包方备案。

第三十七条 【土地经营权人的基本权利】土地经营权人有权在

合同约定的期限内占有农村土地，自主开展农业生产经营并取得收益。

第三十八条 【土地经营权流转的原则】土地经营权流转应当遵循以下原则：

（一）依法、自愿、有偿，任何组织和个人不得强迫或者阻碍土地经营权流转；

（二）不得改变土地所有权的性质和土地的农业用途，不得破坏农业综合生产能力和农业生态环境；

（三）流转期限不得超过承包期的剩余期限；

（四）受让方须有农业经营能力或者资质；

（五）在同等条件下，本集体经济组织成员享有优先权。

第三十九条 【土地经营权流转价款】土地经营权流转的价款，应当由当事人双方协商确定。流转的收益归承包方所有，任何组织和个人不得擅自截留、扣缴。

第四十条 【土地经营权流转合同】土地经营权流转，当事人双方应当签订书面流转合同。

土地经营权流转合同一般包括以下条款：

（一）双方当事人的姓名、住所；

（二）流转土地的名称、坐落、面积、质量等级；

（三）流转期限和起止日期；

（四）流转土地的用途；

（五）双方当事人的权利和义务；

（六）流转价款及支付方式；

（七）土地被依法征收、征用、占用时有关补偿费的归属；

（八）违约责任。

承包方将土地交由他人代耕不超过一年的，可以不签订书面合同。

第四十一条 【土地经营权流转的登记】土地经营权流转期限为五年以上的，当事人可以向登记机构申请土地经营权登记。未经登记，不得对抗善意第三人。

第四十二条 【土地经营权流转合同单方解除权】承包方不得单方解除土地经营权流转合同，但受让方有下列情形之一的除外：

（一）擅自改变土地的农业用途；

（二）弃耕抛荒连续两年以上；

（三）给土地造成严重损害或者严重破坏土地生态环境；

（四）其他严重违约行为。

第四十三条　【土地经营权受让方依法投资并获得补偿】经承包方同意，受让方可以依法投资改良土壤，建设农业生产附属、配套设施，并按照合同约定对其投资部分获得合理补偿。

第四十四条　【承包方流转土地经营权后与发包方承包关系不变】承包方流转土地经营权的，其与发包方的承包关系不变。

第四十五条　【建立社会资本取得土地经营权的资格审查等制度】县级以上地方人民政府应当建立工商企业等社会资本通过流转取得土地经营权的资格审查、项目审核和风险防范制度。

工商企业等社会资本通过流转取得土地经营权的，本集体经济组织可以收取适量管理费用。

具体办法由国务院农业农村、林业和草原主管部门规定。

第四十六条　【土地经营权的再流转】经承包方书面同意，并向本集体经济组织备案，受让方可以再流转土地经营权。

第四十七条　【土地经营权融资担保】承包方可以用承包地的土地经营权向金融机构融资担保，并向发包方备案。受让方通过流转取得的土地经营权，经承包方书面同意并向发包方备案，可以向金融机构融资担保。

担保物权自融资担保合同生效时设立。当事人可以向登记机构申请登记；未经登记，不得对抗善意第三人。

实现担保物权时，担保物权人有权就土地经营权优先受偿。

土地经营权融资担保办法由国务院有关部门规定。

第三章　其他方式的承包

第四十八条　【其他承包方式】不宜采取家庭承包方式的荒山、荒沟、荒丘、荒滩等农村土地，通过招标、拍卖、公开协商等方式承包的，适用本章规定。

第四十九条　【以其他方式承包农村土地时承包合同的签订】以其他方式承包农村土地的，应当签订承包合同，承包方取得土地经营权。当事人的权利和义务、承包期限等，由双方协商确定。以招标、拍卖方式承包的，承包费通过公开竞标、竞价确定；以公开协商等方式承包的，承包费由双方议定。

第五十条 【荒山、荒沟、荒丘、荒滩等的承包经营方式】荒山、荒沟、荒丘、荒滩等可以直接通过招标、拍卖、公开协商等方式实行承包经营，也可以将土地经营权折股分给本集体经济组织成员后，再实行承包经营或者股份合作经营。

承包荒山、荒沟、荒丘、荒滩的，应当遵守有关法律、行政法规的规定，防止水土流失，保护生态环境。

第五十一条 【本集体经济组织成员有权优先承包】以其他方式承包农村土地，在同等条件下，本集体经济组织成员有权优先承包。

第五十二条 【将农村土地发包给本集体经济组织以外的单位或者个人承包的程序】发包方将农村土地发包给本集体经济组织以外的单位或者个人承包，应当事先经本集体经济组织成员的村民会议三分之二以上成员或者三分之二以上村民代表的同意，并报乡（镇）人民政府批准。

由本集体经济组织以外的单位或者个人承包的，应当对承包方的资信情况和经营能力进行审查后，再签订承包合同。

第五十三条 【以其他方式承包农村土地后，土地经营权的流转】通过招标、拍卖、公开协商等方式承包农村土地，经依法登记取得权属证书的，可以依法采取出租、入股、抵押或者其他方式流转土地经营权。

第五十四条 【以其他方式取得的土地承包经营权的继承】依照本章规定通过招标、拍卖、公开协商等方式取得土地经营权的，该承包人死亡，其应得的承包收益，依照继承法的规定继承；在承包期内，其继承人可以继续承包。

第四章　争议的解决和法律责任

第五十五条 【土地承包经营纠纷的解决方式】因土地承包经营发生纠纷的，双方当事人可以通过协商解决，也可以请求村民委员会、乡（镇）人民政府等调解解决。

当事人不愿协商、调解或者协商、调解不成的，可以向农村土地承包仲裁机构申请仲裁，也可以直接向人民法院起诉。

第五十六条 【侵害土地承包经营权、土地经营权应当承担民事责任】任何组织和个人侵害土地承包经营权、土地经营权的，应当承担民事责任。

第五十七条 【发包方的民事责任】发包方有下列行为之一的，应当承担停止侵害、排除妨碍、消除危险、返还财产、恢复原状、赔偿损失等民事责任：

（一）干涉承包方依法享有的生产经营自主权；

（二）违反本法规定收回、调整承包地；

（三）强迫或者阻碍承包方进行土地承包经营权的互换、转让或者土地经营权流转；

（四）假借少数服从多数强迫承包方放弃或者变更土地承包经营权；

（五）以划分"口粮田"和"责任田"等为由收回承包地搞招标承包；

（六）将承包地收回抵顶欠款；

（七）剥夺、侵害妇女依法享有的土地承包经营权；

（八）其他侵害土地承包经营权的行为。

第五十八条 【承包合同中无效的约定】承包合同中违背承包方意愿或者违反法律、行政法规有关不得收回、调整承包地等强制性规定的约定无效。

第五十九条 【违约责任】当事人一方不履行合同义务或者履行义务不符合约定的，应当依法承担违约责任。

第六十条 【无效的土地承包经营权互换、转让或土地经营权流转】任何组织和个人强迫进行土地承包经营权互换、转让或者土地经营权流转的，该互换、转让或者流转无效。

第六十一条 【擅自截留、扣缴土地承包经营权互换、转让或土地经营权流转收益的处理】任何组织和个人擅自截留、扣缴土地承包经营权互换、转让或者土地经营权流转收益的，应当退还。

第六十二条 【非法征收、征用、占用土地或者贪污、挪用土地征收、征用补偿费用的法律责任】违反土地管理法规，非法征收、征用、占用土地或者贪污、挪用土地征收、征用补偿费用，构成犯罪的，依法追究刑事责任；造成他人损害的，应当承担损害赔偿等责任。

第六十三条 【违法将承包地用于非农建设或者给承包地造成永久性损害的法律责任】承包方、土地经营权人违法将承包地用于非农建设的，由县级以上地方人民政府有关主管部门依法予以处罚。

承包方给承包地造成永久性损害的，发包方有权制止，并有权要求赔偿由此造成的损失。

第六十四条 【土地经营权人的民事责任】土地经营权人擅自改变土地的农业用途、弃耕抛荒连续两年以上、给土地造成严重损害或者严重破坏土地生态环境，承包方在合理期限内不解除土地经营权流转合同的，发包方有权要求终止土地经营权流转合同。土地经营权人对土地和土地生态环境造成的损害应当予以赔偿。

第六十五条 【国家机关及其工作人员利用职权侵害土地承包经营权、土地经营权行为的法律责任】国家机关及其工作人员有利用职权干涉农村土地承包经营，变更、解除承包经营合同，干涉承包经营当事人依法享有的生产经营自主权，强迫、阻碍承包经营当事人进行土地承包经营权互换、转让或者土地经营权流转等侵害土地承包经营权、土地经营权的行为，给承包经营当事人造成损失的，应当承担损害赔偿等责任；情节严重的，由上级机关或者所在单位给予直接责任人员处分；构成犯罪的，依法追究刑事责任。

第五章 附 则

第六十六条 【本法实施前的农村土地承包继续有效】本法实施前已经按照国家有关农村土地承包的规定承包，包括承包期限长于本法规定的，本法实施后继续有效，不得重新承包土地。未向承包方颁发土地承包经营权证或者林权证等证书的，应当补发证书。

第六十七条 【机动地的预留】本法实施前已经预留机动地的，机动地面积不得超过本集体经济组织耕地总面积的百分之五。不足百分之五的，不得再增加机动地。

本法实施前未留机动地的，本法实施后不得再留机动地。

第六十八条 【实施办法的制定】各省、自治区、直辖市人民代表大会常务委员会可以根据本法，结合本行政区域的实际情况，制定实施办法。

第六十九条 【农村集体经济组织成员身份的确认】确认农村集体经济组织成员身份的原则、程序等，由法律、法规规定。

第七十条 【施行时间】本法自2003年3月1日起施行。

不动产登记暂行条例

(2014年11月24日中华人民共和国国务院令第656号公布 根据2019年3月24日《国务院关于修改部分行政法规的决定》修订)

第一章 总 则

第一条 为整合不动产登记职责，规范登记行为，方便群众申请登记，保护权利人合法权益，根据《中华人民共和国物权法》等法律，制定本条例。

第二条 本条例所称不动产登记，是指不动产登记机构依法将不动产权利归属和其他法定事项记载于不动产登记簿的行为。

本条例所称不动产，是指土地、海域以及房屋、林木等定着物。

第三条 不动产首次登记、变更登记、转移登记、注销登记、更正登记、异议登记、预告登记、查封登记等，适用本条例。

第四条 国家实行不动产统一登记制度。

不动产登记遵循严格管理、稳定连续、方便群众的原则。

不动产权利人已经依法享有的不动产权利，不因登记机构和登记程序的改变而受到影响。

第五条 下列不动产权利，依照本条例的规定办理登记：

（一）集体土地所有权；

（二）房屋等建筑物、构筑物所有权；

（三）森林、林木所有权；

（四）耕地、林地、草地等土地承包经营权；

（五）建设用地使用权；

（六）宅基地使用权；

（七）海域使用权；

（八）地役权；

（九）抵押权；

（十）法律规定需要登记的其他不动产权利。

第六条 国务院国土资源主管部门负责指导、监督全国不动产登记工作。

县级以上地方人民政府应当确定一个部门为本行政区域的不动产登记机构，负责不动产登记工作，并接受上级人民政府不动产登记主管部门的指导、监督。

第七条 不动产登记由不动产所在地的县级人民政府不动产登记机构办理；直辖市、设区的市人民政府可以确定本级不动产登记机构统一办理所属各区的不动产登记。

跨县级行政区域的不动产登记，由所跨县级行政区域的不动产登记机构分别办理。不能分别办理的，由所跨县级行政区域的不动产登记机构协商办理；协商不成的，由共同的上一级人民政府不动产登记主管部门指定办理。

国务院确定的重点国有林区的森林、林木和林地，国务院批准项目用海、用岛，中央国家机关使用的国有土地等不动产登记，由国务院国土资源主管部门会同有关部门规定。

第二章　不动产登记簿

第八条 不动产以不动产单元为基本单位进行登记。不动产单元具有唯一编码。

不动产登记机构应当按照国务院国土资源主管部门的规定设立统一的不动产登记簿。

不动产登记簿应当记载以下事项：

（一）不动产的坐落、界址、空间界限、面积、用途等自然状况；

（二）不动产权利的主体、类型、内容、来源、期限、权利变化等权属状况；

（三）涉及不动产权利限制、提示的事项；

（四）其他相关事项。

第九条 不动产登记簿应当采用电子介质，暂不具备条件的，可以采用纸质介质。不动产登记机构应当明确不动产登记簿唯一、合法的介质形式。

不动产登记簿采用电子介质的，应当定期进行异地备份，并具有唯一、确定的纸质转化形式。

第十条 不动产登记机构应当依法将各类登记事项准确、完整、清晰地记载于不动产登记簿。任何人不得损毁不动产登记簿,除依法予以更正外不得修改登记事项。

第十一条 不动产登记工作人员应当具备与不动产登记工作相适应的专业知识和业务能力。

不动产登记机构应当加强对不动产登记工作人员的管理和专业技术培训。

第十二条 不动产登记机构应当指定专人负责不动产登记簿的保管,并建立健全相应的安全责任制度。

采用纸质介质不动产登记簿的,应当配备必要的防盗、防火、防渍、防有害生物等安全保护设施。

采用电子介质不动产登记簿的,应当配备专门的存储设施,并采取信息网络安全防护措施。

第十三条 不动产登记簿由不动产登记机构永久保存。不动产登记簿损毁、灭失的,不动产登记机构应当依据原有登记资料予以重建。

行政区域变更或者不动产登记机构职能调整的,应当及时将不动产登记簿移交相应的不动产登记机构。

第三章 登 记 程 序

第十四条 因买卖、设定抵押权等申请不动产登记的,应当由当事人双方共同申请。

属于下列情形之一的,可以由当事人单方申请:

(一)尚未登记的不动产首次申请登记的;

(二)继承、接受遗赠取得不动产权利的;

(三)人民法院、仲裁委员会生效的法律文书或者人民政府生效的决定等设立、变更、转让、消灭不动产权利的;

(四)权利人姓名、名称或者自然状况发生变化,申请变更登记的;

(五)不动产灭失或者权利人放弃不动产权利,申请注销登记的;

(六)申请更正登记或者异议登记的;

(七)法律、行政法规规定可以由当事人单方申请的其他情形。

第十五条 当事人或者其代理人应当向不动产登记机构申请不动产登记。

不动产登记机构将申请登记事项记载于不动产登记簿前，申请人可以撤回登记申请。

第十六条 申请人应当提交下列材料，并对申请材料的真实性负责：

（一）登记申请书；

（二）申请人、代理人身份证明材料、授权委托书；

（三）相关的不动产权属来源证明材料、登记原因证明文件、不动产权属证书；

（四）不动产界址、空间界限、面积等材料；

（五）与他人利害关系的说明材料；

（六）法律、行政法规以及本条例实施细则规定的其他材料。

不动产登记机构应当在办公场所和门户网站公开申请登记所需材料目录和示范文本等信息。

第十七条 不动产登记机构收到不动产登记申请材料，应当分别按照下列情况办理：

（一）属于登记职责范围，申请材料齐全、符合法定形式，或者申请人按照要求提交全部补正申请材料的，应当受理并书面告知申请人；

（二）申请材料存在可以当场更正的错误的，应当告知申请人当场更正，申请人当场更正后，应当受理并书面告知申请人；

（三）申请材料不齐全或者不符合法定形式的，应当当场书面告知申请人不予受理并一次性告知需要补正的全部内容；

（四）申请登记的不动产不属于本机构登记范围的，应当当场书面告知申请人不予受理并告知申请人向有登记权的机构申请。

不动产登记机构未当场书面告知申请人不予受理的，视为受理。

第十八条 不动产登记机构受理不动产登记申请的，应当按照下列要求进行查验：

（一）不动产界址、空间界限、面积等材料与申请登记的不动产状况是否一致；

（二）有关证明材料、文件与申请登记的内容是否一致；

（三）登记申请是否违反法律、行政法规规定。

第十九条 属于下列情形之一的，不动产登记机构可以对申请登

133

记的不动产进行实地查看：

（一）房屋等建筑物、构筑物所有权首次登记；

（二）在建建筑物抵押权登记；

（三）因不动产灭失导致的注销登记；

（四）不动产登记机构认为需要实地查看的其他情形。

对可能存在权属争议，或者可能涉及他人利害关系的登记申请，不动产登记机构可以向申请人、利害关系人或者有关单位进行调查。

不动产登记机构进行实地查看或者调查时，申请人、被调查人应当予以配合。

第二十条 不动产登记机构应当自受理登记申请之日起30个工作日内办结不动产登记手续，法律另有规定的除外。

第二十一条 登记事项自记载于不动产登记簿时完成登记。

不动产登记机构完成登记，应当依法向申请人核发不动产权属证书或者登记证明。

第二十二条 登记申请有下列情形之一的，不动产登记机构应当不予登记，并书面告知申请人：

（一）违反法律、行政法规规定的；

（二）存在尚未解决的权属争议的；

（三）申请登记的不动产权利超过规定期限的；

（四）法律、行政法规规定不予登记的其他情形。

第四章 登记信息共享与保护

第二十三条 国务院国土资源主管部门应当会同有关部门建立统一的不动产登记信息管理基础平台。

各级不动产登记机构登记的信息应当纳入统一的不动产登记信息管理基础平台，确保国家、省、市、县四级登记信息的实时共享。

第二十四条 不动产登记有关信息与住房城乡建设、农业、林业、海洋等部门审批信息、交易信息等应当实时互通共享。

不动产登记机构能够通过实时互通共享取得的信息，不得要求不动产登记申请人重复提交。

第二十五条 国土资源、公安、民政、财政、税务、工商、金融、审计、统计等部门应当加强不动产登记有关信息互通共享。

第二十六条 不动产登记机构、不动产登记信息共享单位及其工作人员应当对不动产登记信息保密；涉及国家秘密的不动产登记信息，应当依法采取必要的安全保密措施。

第二十七条 权利人、利害关系人可以依法查询、复制不动产登记资料，不动产登记机构应当提供。

有关国家机关可以依照法律、行政法规的规定查询、复制与调查处理事项有关的不动产登记资料。

第二十八条 查询不动产登记资料的单位、个人应当向不动产登记机构说明查询目的，不得将查询获得的不动产登记资料用于其他目的；未经权利人同意，不得泄露查询获得的不动产登记资料。

第五章　法律责任

第二十九条 不动产登记机构登记错误给他人造成损害，或者当事人提供虚假材料申请登记给他人造成损害的，依照《中华人民共和国物权法》的规定承担赔偿责任。

第三十条 不动产登记机构工作人员进行虚假登记，损毁、伪造不动产登记簿，擅自修改登记事项，或者有其他滥用职权、玩忽职守行为的，依法给予处分；给他人造成损害的，依法承担赔偿责任；构成犯罪的，依法追究刑事责任。

第三十一条 伪造、变造不动产权属证书、不动产登记证明，或者买卖、使用伪造、变造的不动产权属证书、不动产登记证明的，由不动产登记机构或者公安机关依法予以收缴；有违法所得的，没收违法所得；给他人造成损害的，依法承担赔偿责任；构成违反治安管理行为的，依法给予治安管理处罚；构成犯罪的，依法追究刑事责任。

第三十二条 不动产登记机构、不动产登记信息共享单位及其工作人员，查询不动产登记资料的单位或者个人违反国家规定，泄露不动产登记资料、登记信息，或者利用不动产登记资料、登记信息进行不正当活动，给他人造成损害的，依法承担赔偿责任；对有关责任人员依法给予处分；有关责任人员构成犯罪的，依法追究刑事责任。

第六章 附 则

第三十三条 本条例施行前依法颁发的各类不动产权属证书和制作的不动产登记簿继续有效。

不动产统一登记过渡期内,农村土地承包经营权的登记按照国家有关规定执行。

第三十四条 本条例实施细则由国务院国土资源主管部门会同有关部门制定。

第三十五条 本条例自2015年3月1日起施行。本条例施行前公布的行政法规有关不动产登记的规定与本条例规定不一致的,以本条例规定为准。

中华人民共和国
城市房地产管理法(节录)

(1994年7月5日第八届全国人民代表大会常务委员会第八次会议通过 根据2007年8月30日第十届全国人民代表大会常务委员会第二十九次会议《关于修改〈中华人民共和国城市房地产管理法〉的决定》第一次修正 根据2009年8月27日第十一届全国人民代表大会常务委员会第十次会议《关于修改部分法律的决定》第二次修正 根据2019年8月26日第十三届全国人民代表大会常务委员会第十二次会议《关于修改〈中华人民共和国土地管理法〉、〈中华人民共和国城市房地产管理法〉的决定》第三次修正)

……

第二章 房地产开发用地

第一节 土地使用权出让

第八条 【土地使用权出让的定义】土地使用权出让,是指国家将国有土地使用权（以下简称土地使用权）在一定年限内出让给土地使用者，由土地使用者向国家支付土地使用权出让金的行为。

第九条 【集体所有土地征收与出让】城市规划区内的集体所有的土地，经依法征收转为国有土地后，该幅国有土地的使用权方可有偿出让，但法律另有规定的除外。

第十条 【土地使用权出让宏观管理】土地使用权出让，必须符合土地利用总体规划、城市规划和年度建设用地计划。

第十一条 【年度出让土地使用权总量控制】县级以上地方人民政府出让土地使用权用于房地产开发的，须根据省级以上人民政府下达的控制指标拟订年度出让土地使用权总面积方案，按照国务院规定，报国务院或者省级人民政府批准。

第十二条 【土地使用权出让主体】土地使用权出让，由市、县人民政府有计划、有步骤地进行。出让的每幅地块、用途、年限和其他条件，由市、县人民政府土地管理部门会同城市规划、建设、房产管理部门共同拟定方案，按照国务院规定，报经有批准权的人民政府批准后，由市、县人民政府土地管理部门实施。

直辖市的县人民政府及其有关部门行使前款规定的权限，由直辖市人民政府规定。

第十三条 【土地使用权出让方式】土地使用权出让，可以采取拍卖、招标或者双方协议的方式。

商业、旅游、娱乐和豪华住宅用地，有条件的，必须采取拍卖、招标方式；没有条件，不能采取拍卖、招标方式的，可以采取双方协议的方式。

采取双方协议方式出让土地使用权的出让金不得低于按国家规定所确定的最低价。

第十四条 【土地使用权出让最高年限】土地使用权出让最高年限由国务院规定。

第十五条 【土地使用权出让合同】土地使用权出让，应当签订书面出让合同。

土地使用权出让合同由市、县人民政府土地管理部门与土地使用者签订。

第十六条 【支付出让金】土地使用者必须按照出让合同约定，支付土地使用权出让金；未按照出让合同约定支付土地使用权出让金的，土地管理部门有权解除合同，并可以请求违约赔偿。

第十七条 【提供出让土地】土地使用者按照出让合同约定支付土地使用权出让金的，市、县人民政府土地管理部门必须按照出让合同约定，提供出让的土地；未按照出让合同约定提供出让的土地的，土地使用者有权解除合同，由土地管理部门返还土地使用权出让金，土地使用者并可以请求违约赔偿。

第十八条 【土地用途的变更】土地使用者需要改变土地使用权出让合同约定的土地用途的，必须取得出让方和市、县人民政府城市规划行政主管部门的同意，签订土地使用权出让合同变更协议或者重新签订土地使用权出让合同，相应调整土地使用权出让金。

第十九条 【土地使用权出让金的管理】土地使用权出让金应当全部上缴财政，列入预算，用于城市基础设施建设和土地开发。土地使用权出让金上缴和使用的具体办法由国务院规定。

第二十条 【出让土地使用权的提前收回】国家对土地使用者依法取得的土地使用权，在出让合同约定的使用年限届满前不收回；在特殊情况下，根据社会公共利益的需要，可以依照法律程序提前收回，并根据土地使用者使用土地的实际年限和开发土地的实际情况给予相应的补偿。

第二十一条 【土地使用权终止】土地使用权因土地灭失而终止。

第二十二条 【土地使用权出让年限届满】土地使用权出让合同约定的使用年限届满，土地使用者需要继续使用土地的，应当至迟于届满前一年申请续期，除根据社会公共利益需要收回该幅土地的，应当予以批准。经批准准予续期的，应重新签订土地使用权出让合同，依照规定支付土地使用权出让金。

土地使用权出让合同约定的使用年限届满，土地使用者未申请续期或者虽申请续期但依照前款规定未获批准的，土地使用权由国家无偿收回。

第二节 土地使用权划拨

第二十三条 【土地使用权划拨的定义】土地使用权划拨，是指县级以上人民政府依法批准，在土地使用者缴纳补偿、安置等费用后将该幅土地交付其使用，或者将土地使用权无偿交付给土地使用者使用的行为。

依照本法规定以划拨方式取得土地使用权的，除法律、行政法规另有规定外，没有使用期限的限制。

第二十四条 【土地使用权划拨范围】下列建设用地的土地使用权，确属必需的，可以由县级以上人民政府依法批准划拨：

（一）国家机关用地和军事用地；

（二）城市基础设施用地和公益事业用地；

（三）国家重点扶持的能源、交通、水利等项目用地；

（四）法律、行政法规规定的其他用地。

第三章 房地产开发

第二十五条 【房地产开发基本原则】房地产开发必须严格执行城市规划，按照经济效益、社会效益、环境效益相统一的原则，实行全面规划、合理布局、综合开发、配套建设。

第二十六条 【开发土地期限】以出让方式取得土地使用权进行房地产开发的，必须按照土地使用权出让合同约定的土地用途、动工开发期限开发土地。超过出让合同约定的动工开发日期满一年未动工开发的，可以征收相当于土地使用权出让金百分之二十以下的土地闲置费；满二年未动工开发的，可以无偿收回土地使用权；但是，因不可抗力或者政府、政府有关部门的行为或者动工开发必需的前期工作造成动工开发迟延的除外。

第二十七条 【房地产开发项目设计、施工和竣工】房地产开发项目的设计、施工，必须符合国家的有关标准和规范。

房地产开发项目竣工，经验收合格后，方可交付使用。

第二十八条 【土地使用权作价】依法取得的土地使用权，可以依照本法和有关法律、行政法规的规定，作价入股，合资、合作开发经营房地产。

第二十九条 【开发居民住宅的鼓励和扶持】国家采取税收等方面的优惠措施鼓励和扶持房地产开发企业开发建设居民住宅。

第三十条 【房地产开发企业的设立】房地产开发企业是以营利为目的，从事房地产开发和经营的企业。设立房地产开发企业，应当具备下列条件：

（一）有自己的名称和组织机构；

（二）有固定的经营场所；
（三）有符合国务院规定的注册资本；
（四）有足够的专业技术人员；
（五）法律、行政法规规定的其他条件。

设立房地产开发企业，应当向工商行政管理部门申请设立登记。工商行政管理部门对符合本法规定条件的，应当予以登记，发给营业执照；对不符合本法规定条件的，不予登记。

设立有限责任公司、股份有限公司，从事房地产开发经营的，还应当执行公司法的有关规定。

房地产开发企业在领取营业执照后的一个月内，应当到登记机关所在地的县级以上地方人民政府规定的部门备案。

第三十一条 【房地产开发企业注册资本与投资总额的比例】房地产开发企业的注册资本与投资总额的比例应当符合国家有关规定。

房地产开发企业分期开发房地产的，分期投资额应当与项目规模相适应，并按照土地使用权出让合同的约定，按期投入资金，用于项目建设。

第四章 房地产交易

第一节 一般规定

第三十二条 【房地产权利主体一致原则】房地产转让、抵押时，房屋的所有权和该房屋占用范围内的土地使用权同时转让、抵押。

……

第三十九条 【以出让方式取得土地使用权的房地产转让】以出让方式取得土地使用权的，转让房地产时，应当符合下列条件：

（一）按照出让合同约定已经支付全部土地使用权出让金，并取得土地使用权证书；

（二）按照出让合同约定进行投资开发，属于房屋建设工程的，完成开发投资总额的百分之二十五以上，属于成片开发土地的，形成工业用地或者其他建设用地条件。

转让房地产时房屋已经建成的，还应当持有房屋所有权证书。

第四十条 【以划拨方式取得土地使用权的房地产转让】以划拨方式取得土地使用权的，转让房地产时，应当按照国务院规定，报有批准权的人民政府审批。有批准权的人民政府准予转让的，应当由受让方办理土地使用权出让手续，并依照国家有关规定缴纳土地使用权出让金。

以划拨方式取得土地使用权的，转让房地产报批时，有批准权的人民政府按照国务院规定决定可以不办理土地使用权出让手续的，转让方应当按照国务院规定将转让房地产所获收益中的土地收益上缴国家或者作其他处理。

第四十一条 【房地产转让合同】房地产转让，应当签订书面转让合同，合同中应当载明土地使用权取得的方式。

第四十二条 【房地产转让合同与土地使用权出让合同的关系】房地产转让时，土地使用权出让合同载明的权利、义务随之转移。

第四十三条 【房地产转让后土地使用权的使用年限】以出让方式取得土地使用权的，转让房地产后，其土地使用权的使用年限为原土地使用权出让合同约定的使用年限减去原土地使用者已经使用年限后的剩余年限。

第四十四条 【房地产转让后土地用途变更】以出让方式取得土地使用权的，转让房地产后，受让人改变原土地使用权出让合同约定的土地用途的，必须取得原出让方和市、县人民政府城市规划行政主管部门的同意，签订土地使用权出让合同变更协议或者重新签订土地使用权出让合同，相应调整土地使用权出让金。

……

招标拍卖挂牌出让国有建设用地使用权规定

(2002年5月9日国土资源部令第11号发布 2007年9月28日国土资源部令第39号修订发布)

第一条 为规范国有建设用地使用权出让行为，优化土地资源配置，建立公开、公平、公正的土地使用制度，根据《中华人民共和国物权法》、《中华人民共和国土地管理法》、《中华人民共和国城市房地产管理法》和《中华人民共和国土地管理法实施条例》，制定本规定。

　　第二条　在中华人民共和国境内以招标、拍卖或者挂牌出让方式在土地的地表、地上或者地下设立国有建设用地使用权的，适用本规定。

　　本规定所称招标出让国有建设用地使用权，是指市、县人民政府国土资源行政主管部门（以下简称出让人）发布招标公告，邀请特定或者不特定的自然人、法人和其他组织参加国有建设用地使用权投标，根据投标结果确定国有建设用地使用权人的行为。

　　本规定所称拍卖出让国有建设用地使用权，是指出让人发布拍卖公告，由竞买人在指定时间、地点进行公开竞价，根据出价结果确定国有建设用地使用权人的行为。

　　本规定所称挂牌出让国有建设用地使用权，是指出让人发布挂牌公告，按公告规定的期限将拟出让宗地的交易条件在指定的土地交易场所挂牌公布，接受竞买人的报价申请并更新挂牌价格，根据挂牌期限截止时的出价结果或者现场竞价结果确定国有建设用地使用权人的行为。

　　第三条　招标、拍卖或者挂牌出让国有建设用地使用权，应当遵循公开、公平、公正和诚信的原则。

　　第四条　工业、商业、旅游、娱乐和商品住宅等经营性用地以及同一宗地有两个以上意向用地者的，应当以招标、拍卖或者挂牌方式出让。

　　前款规定的工业用地包括仓储用地，但不包括采矿用地。

　　第五条　国有建设用地使用权招标、拍卖或者挂牌出让活动，应当有计划地进行。

　　市、县人民政府国土资源行政主管部门根据经济社会发展计划、产业政策、土地利用总体规划、土地利用年度计划、城市规划和土地市场状况，编制国有建设用地使用权出让年度计划，报经同级人民政府批准后，及时向社会公开发布。

　　第六条　市、县人民政府国土资源行政主管部门应当按照出让年度计划，会同城市规划等有关部门共同拟订拟招标拍卖挂牌出让地块的出让方案，报经市、县人民政府批准后，由市、县人民政府国土资源行政主管部门组织实施。

　　前款规定的出让方案应当包括出让地块的空间范围、用途、年限、出让方式、时间和其他条件等。

　　第七条　出让人应当根据招标拍卖挂牌出让地块的情况，编制招标拍卖挂牌出让文件。

招标拍卖挂牌出让文件应当包括出让公告、投标或者竞买须知、土地使用条件、标书或者竞买申请书、报价单、中标通知书或者成交确认书、国有建设用地使用权出让合同文本。

第八条 出让人应当至少在投标、拍卖或者挂牌开始日前20日，在土地有形市场或者指定的场所、媒介发布招标、拍卖或者挂牌公告，公布招标拍卖挂牌出让宗地的基本情况和招标拍卖挂牌的时间、地点。

第九条 招标拍卖挂牌公告应当包括下列内容：

（一）出让人的名称和地址；

（二）出让宗地的面积、界址、空间范围、现状、使用年期、用途、规划指标要求；

（三）投标人、竞买人的资格要求以及申请取得投标、竞买资格的办法；

（四）索取招标拍卖挂牌出让文件的时间、地点和方式；

（五）招标拍卖挂牌时间、地点、投标挂牌期限、投标和竞价方式等；

（六）确定中标人、竞得人的标准和方法；

（七）投标、竞买保证金；

（八）其他需要公告的事项。

第十条 市、县人民政府国土资源行政主管部门应当根据土地估价结果和政府产业政策综合确定标底或者底价。标底或者底价不得低于国家规定的最低价标准。

确定招标标底，拍卖和挂牌的起叫价、起始价、底价，投标、竞买保证金，应当实行集体决策。

招标标底和拍卖挂牌的底价，在招标开标前和拍卖挂牌出让活动结束之前应当保密。

第十一条 中华人民共和国境内外的自然人、法人和其他组织，除法律、法规另有规定外，均可申请参加国有建设用地使用权招标拍卖挂牌出让活动。

出让人在招标拍卖挂牌出让公告中不得设定影响公平、公正竞争的限制条件。挂牌出让的，出让公告中规定的申请截止时间，应当为挂牌出让结束日前2天。对符合招标拍卖挂牌公告规定条件的申请人，出让人应当通知其参加招标拍卖挂牌活动。

第十二条 市、县人民政府国土资源行政主管部门应当为投标人、竞买人查询拟出让土地的有关情况提供便利。

第十三条 投标、开标依照下列程序进行：

（一）投标人在投标截止时间前将标书投入标箱。招标公告允许邮寄标书的，投标人可以邮寄，但出让人在投标截止时间前收到的方为有效。

标书投入标箱后，不可撤回。投标人应当对标书和有关书面承诺承担责任。

（二）出让人按照招标公告规定的时间、地点开标，邀请所有投标人参加。由投标人或者其推选的代表检查标箱的密封情况，当众开启标箱，点算标书。投标人少于三人的，出让人应当终止招标活动。投标人不少于三人的，应当逐一宣布投标人名称、投标价格和投标文件的主要内容。

（三）评标小组进行评标。评标小组由出让人代表、有关专家组成，成员人数为五人以上的单数。

评标小组可以要求投标人对投标文件作出必要的澄清或者说明，但是澄清或者说明不得超出投标文件的范围或者改变投标文件的实质性内容。

评标小组应当按照招标文件确定的评标标准和方法，对投标文件进行评审。

（四）招标人根据评标结果，确定中标人。

按照价高者得的原则确定中标人的，可以不成立评标小组，由招标主持人根据开标结果，确定中标人。

第十四条 对能够最大限度地满足招标文件中规定的各项综合评价标准，或者能够满足招标文件的实质性要求且价格最高的投标人，应当确定为中标人。

第十五条 拍卖会依照下列程序进行：

（一）主持人点算竞买人；

（二）主持人介绍拍卖宗地的面积、界址、空间范围、现状、用途、使用年期、规划指标要求、开工和竣工时间以及其他有关事项；

（三）主持人宣布起叫价和增价规则及增价幅度。没有底价的，应当明确提示；

（四）主持人报出起叫价；

（五）竞买人举牌应价或者报价；

（六）主持人确认该应价或者报价后继续竞价；

（七）主持人连续三次宣布同一应价或者报价而没有再应价或者报价的，主持人落槌表示拍卖成交；

（八）主持人宣布最高应价或者报价者为竞得人。

第十六条 竞买人的最高应价或者报价未达到底价时，主持人应当终止拍卖。

拍卖主持人在拍卖中可以根据竞买人竞价情况调整拍卖增价幅度。

第十七条 挂牌依照以下程序进行：

（一）在挂牌公告规定的挂牌起始日，出让人将挂牌宗地的面积、界址、空间范围、现状、用途、使用年期、规划指标要求、开工时间和竣工时间、起始价、增价规则及增价幅度等，在挂牌公告规定的土地交易场所挂牌公布；

（二）符合条件的竞买人填写报价单报价；

（三）挂牌主持人确认该报价后，更新显示挂牌价格；

（四）挂牌主持人在挂牌公告规定的挂牌截止时间确定竞得人。

第十八条 挂牌时间不得少于10日。挂牌期间可根据竞买人竞价情况调整增价幅度。

第十九条 挂牌截止应当由挂牌主持人主持确定。挂牌期限届满，挂牌主持人现场宣布最高报价及其报价者，并询问竞买人是否愿意继续竞价。有竞买人表示愿意继续竞价的，挂牌出让转入现场竞价，通过现场竞价确定竞得人。挂牌主持人连续三次报出最高挂牌价格，没有竞买人表示愿意继续竞价的，按照下列规定确定是否成交：

（一）在挂牌期限内只有一个竞买人报价，且报价不低于底价，并符合其他条件的，挂牌成交；

（二）在挂牌期限内有两个或者两个以上的竞买人报价的，出价最高者为竞得人；报价相同的，先提交报价单者为竞得人，但报价低于底价者除外；

（三）在挂牌期限内无应价者或者竞买人的报价均低于底价或者均不符合其他条件的，挂牌不成交。

第二十条 以招标、拍卖或者挂牌方式确定中标人、竞得人后，中标人、竞得人支付的投标、竞买保证金，转作受让地块的定金。出让人应当向中标人发出中标通知书或者与竞得人签订成交确认书。

中标通知书或者成交确认书应当包括出让人和中标人或者竞得人的名称，出让标的，成交时间、地点、价款以及签订国有建设用地使用权出让合同的时间、地点等内容。

中标通知书或者成交确认书对出让人和中标人或者竞得人具有法律效力。出让人改变竞得结果，或者中标人、竞得人放弃中标宗地、竞得宗地的，应当依法承担责任。

第二十一条　中标人、竞得人应当按照中标通知书或者成交确认书约定的时间，与出让人签订国有建设用地使用权出让合同。中标人、竞得人支付的投标、竞买保证金抵作土地出让价款；其他投标人、竞买人支付的投标、竞买保证金，出让人必须在招标拍卖挂牌活动结束后5个工作日内予以退还，不计利息。

第二十二条　招标拍卖挂牌活动结束后，出让人应在10个工作日内将招标拍卖挂牌出让结果在土地有形市场或者指定的场所、媒介公布。

出让人公布出让结果，不得向受让人收取费用。

第二十三条　受让人依照国有建设用地使用权出让合同的约定付清全部土地出让价款后，方可申请办理土地登记，领取国有建设用地使用权证书。

未按出让合同约定缴清全部土地出让价款的，不得发放国有建设用地使用权证书，也不得按出让价款缴纳比例分割发放国有建设用地使用权证书。

第二十四条　应当以招标拍卖挂牌方式出让国有建设用地使用权而擅自采用协议方式出让的，对直接负责的主管人员和其他直接责任人员依法给予处分；构成犯罪的，依法追究刑事责任。

第二十五条　中标人、竞得人有下列行为之一的，中标、竞得结果无效；造成损失的，应当依法承担赔偿责任：

（一）提供虚假文件隐瞒事实的；

（二）采取行贿、恶意串通等非法手段中标或者竞得的。

第二十六条　国土资源行政主管部门的工作人员在招标拍卖挂牌出让活动中玩忽职守、滥用职权、徇私舞弊的，依法给予处分；构成犯罪的，依法追究刑事责任。

第二十七条　以招标拍卖挂牌方式租赁国有建设用地使用权的，参照本规定执行。

第二十八条　本规定自2007年11月1日起施行。

闲置土地处置办法

(2012年6月1日国土资源部令第53号公布 自2012年7月1日起施行)

第一章 总 则

第一条 为有效处置和充分利用闲置土地，规范土地市场行为，促进节约集约用地，根据《中华人民共和国土地管理法》、《中华人民共和国城市房地产管理法》及有关法律、行政法规，制定本办法。

第二条 本办法所称闲置土地，是指国有建设用地使用权人超过国有建设用地使用权有偿使用合同或者划拨决定书约定、规定的动工开发日期满一年未动工开发的国有建设用地。

已动工开发但开发建设用地面积占应动工开发建设用地总面积不足三分之一或者已投资额占总投资额不足百分之二十五，中止开发建设满一年的国有建设用地，也可以认定为闲置土地。

第三条 闲置土地处置应当符合土地利用总体规划和城乡规划，遵循依法依规、促进利用、保障权益、信息公开的原则。

第四条 市、县国土资源主管部门负责本行政区域内闲置土地的调查认定和处置工作的组织实施。

上级国土资源主管部门对下级国土资源主管部门调查认定和处置闲置土地工作进行监督管理。

第二章 调查和认定

第五条 市、县国土资源主管部门发现有涉嫌构成本办法第二条规定的闲置土地的，应当在三十日内开展调查核实，向国有建设用地使用权人发出《闲置土地调查通知书》。

国有建设用地使用权人应当在接到《闲置土地调查通知书》之日起三十日内，按照要求提供土地开发利用情况、闲置原因以及相关说明等材料。

第六条 《闲置土地调查通知书》应当包括下列内容：
（一）国有建设用地使用权人的姓名或者名称、地址；
（二）涉嫌闲置土地的基本情况；
（三）涉嫌闲置土地的事实和依据；
（四）调查的主要内容及提交材料的期限；
（五）国有建设用地使用权人的权利和义务；
（六）其他需要调查的事项。

第七条 市、县国土资源主管部门履行闲置土地调查职责，可以采取下列措施：
（一）询问当事人及其他证人；
（二）现场勘测、拍照、摄像；
（三）查阅、复制与被调查人有关的土地资料；
（四）要求被调查人就有关土地权利及使用问题作出说明。

第八条 有下列情形之一，属于政府、政府有关部门的行为造成动工开发延迟的，国有建设用地使用权人应当向市、县国土资源主管部门提供土地闲置原因说明材料，经审核属实的，依照本办法第十二条和第十三条规定处置：
（一）因未按照国有建设用地使用权有偿使用合同或者划拨决定书约定、规定的期限、条件将土地交付给国有建设用地使用权人，致使项目不具备动工开发条件的；
（二）因土地利用总体规划、城乡规划依法修改，造成国有建设用地使用权人不能按照国有建设用地使用权有偿使用合同或者划拨决定书约定、规定的用途、规划和建设条件开发的；
（三）因国家出台相关政策，需要对约定、规定的规划和建设条件进行修改的；
（四）因处置土地上相关群众信访事项等无法动工开发的；
（五）因军事管制、文物保护等无法动工开发的；
（六）政府、政府有关部门的其他行为。
因自然灾害等不可抗力导致土地闲置的，依照前款规定办理。

第九条 经调查核实，符合本办法第二条规定条件，构成闲置土地的，市、县国土资源主管部门应当向国有建设用地使用权人下达《闲置土地认定书》。

第十条 《闲置土地认定书》应当载明下列事项：
（一）国有建设用地使用权人的姓名或者名称、地址；
（二）闲置土地的基本情况；
（三）认定土地闲置的事实、依据；
（四）闲置原因及认定结论；
（五）其他需要说明的事项。

第十一条 《闲置土地认定书》下达后，市、县国土资源主管部门应当通过门户网站等形式向社会公开闲置土地的位置、国有建设用地使用权人名称、闲置时间等信息；属于政府或者政府有关部门的行为导致土地闲置的，应当同时公开闲置原因，并书面告知有关政府或者政府部门。

上级国土资源主管部门应当及时汇总下级国土资源主管部门上报的闲置土地信息，并在门户网站上公开。

闲置土地在没有处置完毕前，相关信息应当长期公开。闲置土地处置完毕后，应当及时撤销相关信息。

第三章 处置和利用

第十二条 因本办法第八条规定情形造成土地闲置的，市、县国土资源主管部门应当与国有建设用地使用权人协商，选择下列方式处置：
（一）延长动工开发期限。签订补充协议，重新约定动工开发、竣工期限和违约责任。从补充协议约定的动工开发日期起，延长动工开发期限最长不得超过一年；
（二）调整土地用途、规划条件。按照新用途或者新规划条件重新办理相关用地手续，并按照新用途或者新规划条件核算、收缴或者退还土地价款。改变用途后的土地利用必须符合土地利用总体规划和城乡规划；
（三）由政府安排临时使用。待原项目具备开发建设条件，国有建设用地使用权人重新开发建设。从安排临时使用之日起，临时使用期限最长不得超过两年；
（四）协议有偿收回国有建设用地使用权；
（五）置换土地。对已缴清土地价款、落实项目资金，且因规划依法修改造成闲置的，可以为国有建设用地使用权人置换其他价值相当、用途相同的国有建设用地进行开发建设。涉及出让土地的，应当重新签订土地出让合同，并在合同中注明为置换土地；

（六）市、县国土资源主管部门还可以根据实际情况规定其他处置方式。

除前款第四项规定外，动工开发时间按照新约定、规定的时间重新起算。

符合本办法第二条第二款规定情形的闲置土地，依照本条规定的方式处置。

第十三条　市、县国土资源主管部门与国有建设用地使用权人协商一致后，应当拟订闲置土地处置方案，报本级人民政府批准后实施。

闲置土地设有抵押权的，市、县国土资源主管部门在拟订闲置土地处置方案时，应当书面通知相关抵押权人。

第十四条　除本办法第八条规定情形外，闲置土地按照下列方式处理：

（一）未动工开发满一年的，由市、县国土资源主管部门报经本级人民政府批准后，向国有建设用地使用权人下达《征缴土地闲置费决定书》，按照土地出让或者划拨价款的百分之二十征缴土地闲置费。土地闲置费不得列入生产成本；

（二）未动工开发满两年的，由市、县国土资源主管部门按照《中华人民共和国土地管理法》第三十七条和《中华人民共和国城市房地产管理法》第二十六条的规定，报经有批准权的人民政府批准后，向国有建设用地使用权人下达《收回国有建设用地使用权决定书》，无偿收回国有建设用地使用权。闲置土地设有抵押权的，同时抄送相关土地抵押权人。

第十五条　市、县国土资源主管部门在依照本办法第十四条规定作出征缴土地闲置费、收回国有建设用地使用权决定前，应当书面告知国有建设用地使用权人有申请听证的权利。国有建设用地使用权人要求举行听证的，市、县国土资源主管部门应当依照《国土资源听证规定》依法组织听证。

第十六条　《征缴土地闲置费决定书》和《收回国有建设用地使用权决定书》应当包括下列内容：

（一）国有建设用地使用权人的姓名或者名称、地址；

（二）违反法律、法规或者规章的事实和证据；
（三）决定的种类和依据；
（四）决定的履行方式和期限；
（五）申请行政复议或者提起行政诉讼的途径和期限；
（六）作出决定的行政机关名称和作出决定的日期；
（七）其他需要说明的事项。

第十七条 国有建设用地使用权人应当自《征缴土地闲置费决定书》送达之日起三十日内，按照规定缴纳土地闲置费；自《收回国有建设用地使用权决定书》送达之日起三十日内，到市、县国土资源主管部门办理国有建设用地使用权注销登记，交回土地权利证书。

国有建设用地使用权人对《征缴土地闲置费决定书》和《收回国有建设用地使用权决定书》不服的，可以依法申请行政复议或者提起行政诉讼。

第十八条 国有建设用地使用权人逾期不申请行政复议、不提起行政诉讼，也不履行相关义务的，市、县国土资源主管部门可以采取下列措施：

（一）逾期不办理国有建设用地使用权注销登记，不交回土地权利证书的，直接公告注销国有建设用地使用权登记和土地权利证书；

（二）申请人民法院强制执行。

第十九条 对依法收回的闲置土地，市、县国土资源主管部门可以采取下列方式利用：

（一）依据国家土地供应政策，确定新的国有建设用地使用权人开发利用；

（二）纳入政府土地储备；

（三）对耕作条件未被破坏且近期无法安排建设项目的，由市、县国土资源主管部门委托有关农村集体经济组织、单位或者个人组织恢复耕种。

第二十条 闲置土地依法处置后土地权属和土地用途发生变化的，应当依据实地现状在当年土地变更调查中进行变更，并依照有关规定办理土地变更登记。

第四章 预防和监管

第二十一条 市、县国土资源主管部门供应土地应当符合下列要求，防止因政府、政府有关部门的行为造成土地闲置：

（一）土地权利清晰；

（二）安置补偿落实到位；

（三）没有法律经济纠纷；

（四）地块位置、使用性质、容积率等规划条件明确；

（五）具备动工开发所必需的其他基本条件。

第二十二条　国有建设用地使用权有偿使用合同或者划拨决定书应当就项目动工开发、竣工时间和违约责任等作出明确约定、规定。约定、规定动工开发时间应当综合考虑办理动工开发所需相关手续的时限规定和实际情况，为动工开发预留合理时间。

因特殊情况，未约定、规定动工开发日期，或者约定、规定不明确的，以实际交付土地之日起一年为动工开发日期。实际交付土地日期以交地确认书确定的时间为准。

第二十三条　国有建设用地使用权人应当在项目开发建设期间，及时向市、县国土资源主管部门报告项目动工开发、开发进度、竣工等情况。

国有建设用地使用权人应当在施工现场设立建设项目公示牌，公布建设用地使用权人、建设单位、项目动工开发、竣工时间和土地开发利用标准等。

第二十四条　国有建设用地使用权人违反法律法规规定和合同约定、划拨决定书规定恶意囤地、炒地的，依照本办法规定处理完毕前，市、县国土资源主管部门不得受理该国有建设用地使用权人新的用地申请，不得办理被认定为闲置土地的转让、出租、抵押和变更登记。

第二十五条　市、县国土资源主管部门应当将本行政区域内的闲置土地信息按宗录入土地市场动态监测与监管系统备案。闲置土地按照规定处置完毕后，市、县国土资源主管部门应当及时更新该宗土地相关信息。

闲置土地未按照规定备案的，不得采取本办法第十二条规定的方式处置。

第二十六条　市、县国土资源主管部门应当将国有建设用地使用权人闲置土地的信息抄送金融监管等部门。

第二十七条　省级以上国土资源主管部门可以根据情况，对闲置土地情况严重的地区，在土地利用总体规划、土地利用年度计划、建设用地审批、土地供应等方面采取限制新增加建设用地、促进闲置土地开发利用的措施。

第五章　法律责任

第二十八条　市、县国土资源主管部门未按照国有建设用地使用权有偿使用合同或者划拨决定书约定、规定的期限、条件将土地交付给国有建设用地使用权人，致使项目不具备动工开发条件的，应当依法承担违约责任。

第二十九条　县级以上国土资源主管部门及其工作人员违反本办法规定，有下列情形之一的，依法给予处分；构成犯罪的，依法追究刑事责任：

（一）违反本办法第二十一条的规定供应土地的；

（二）违反本办法第二十四条的规定受理用地申请和办理土地登记的；

（三）违反本办法第二十五条的规定处置闲置土地的；

（四）不依法履行闲置土地监督检查职责，在闲置土地调查、认定和处置工作中徇私舞弊、滥用职权、玩忽职守的。

第六章　附　　则

第三十条　本办法中下列用语的含义：

动工开发：依法取得施工许可证后，需挖深基坑的项目，基坑开挖完毕；使用桩基的项目，打入所有基础桩；其他项目，地基施工完成三分之一。

已投资额、总投资额：均不含国有建设用地使用权出让价款、划拨价款和向国家缴纳的相关税费。

第三十一条　集体所有建设用地闲置的调查、认定和处置，参照本办法有关规定执行。

第三十二条　本办法自 2012 年 7 月 1 日起施行。

土地权属争议调查处理办法

(2003年1月3日国土资源部令第17号公布 根据2010年11月30日《国土资源部关于修改部分规章的决定》修正)

第一条 为依法、公正、及时地做好土地权属争议的调查处理工作，保护当事人的合法权益，维护土地的社会主义公有制，根据《中华人民共和国土地管理法》，制定本办法。

第二条 本办法所称土地权属争议，是指土地所有权或者使用权归属争议。

第三条 调查处理土地权属争议，应当以法律、法规和土地管理规章为依据。从实际出发，尊重历史，面对现实。

第四条 县级以上国土资源行政主管部门负责土地权属争议案件（以下简称争议案件）的调查和调解工作；对需要依法作出处理决定的，拟定处理意见，报同级人民政府作出处理决定。

县级以上国土资源行政主管部门可以指定专门机构或者人员负责办理争议案件有关事宜。

第五条 个人之间、个人与单位之间、单位与单位之间发生的争议案件，由争议土地所在地的县级国土资源行政主管部门调查处理。

前款规定的个人之间、个人与单位之间发生的争议案件，可以根据当事人的申请，由乡级人民政府受理和处理。

第六条 设区的市、自治州国土资源行政主管部门调查处理下列争议案件：

（一）跨县级行政区域的；

（二）同级人民政府、上级国土资源行政主管部门交办或者有关部门转送的。

第七条 省、自治区、直辖市国土资源行政主管部门调查处理下列争议案件：

（一）跨设区的市、自治州行政区域的；

（二）争议一方为中央国家机关或者其直属单位，且涉及土地面积较大的；

（三）争议一方为军队，且涉及土地面积较大的；

（四）在本行政区域内有较大影响的；
（五）同级人民政府、国土资源部交办或者有关部门转送的。

第八条 国土资源部调查处理下列争议案件：
（一）国务院交办的；
（二）在全国范围内有重大影响的。

第九条 当事人发生土地权属争议，经协商不能解决的，可以依法向县级以上人民政府或者乡级人民政府提出处理申请，也可以依照本办法第五、六、七、八条的规定，向有关的国土资源行政主管部门提出调查处理申请。

第十条 申请调查处理土地权属争议的，应当符合下列条件：
（一）申请人与争议的土地有直接利害关系；
（二）有明确的请求处理对象、具体的处理请求和事实根据。

第十一条 当事人申请调查处理土地权属争议，应当提交书面申请书和有关证据材料，并按照被申请人数提交副本。

申请书应当载明以下事项：
（一）申请人和被申请人的姓名或者名称、地址、邮政编码、法定代表人姓名和职务；
（二）请求的事项、事实和理由；
（三）证人的姓名、工作单位、住址、邮政编码。

第十二条 当事人可以委托代理人代为申请土地权属争议的调查处理。委托代理人申请的，应当提交授权委托书。授权委托书应当写明委托事项和权限。

第十三条 对申请人提出的土地权属争议调查处理的申请，国土资源行政主管部门应当依照本办法第十条的规定进行审查，并在收到申请书之日起7个工作日内提出是否受理的意见。

认为应当受理的，在决定受理之日起5个工作日内将申请书副本发送被申请人。被申请人应当在接到申请书副本之日起30日内提交答辩书和有关证据材料。逾期不提交答辩书的，不影响案件的处理。

认为不应当受理的，应当及时拟定不予受理建议书，报同级人民政府作出不予受理决定。

当事人对不予受理决定不服的，可以依法申请行政复议或者提起行政诉讼。

同级人民政府、上级国土资源行政主管部门交办或者有关部门转办的争议案件，按照本条有关规定审查处理。

第十四条 下列案件不作为争议案件受理：

（一）土地侵权案件；

（二）行政区域边界争议案件；

（三）土地违法案件；

（四）农村土地承包经营权争议案件；

（五）其他不作为土地权属争议的案件。

第十五条 国土资源行政主管部门决定受理后，应当及时指定承办人，对当事人争议的事实情况进行调查。

第十六条 承办人与争议案件有利害关系的，应当申请回避；当事人认为承办人与争议案件有利害关系的，有权请求该承办人回避。承办人是否回避，由受理案件的国土资源行政主管部门决定。

第十七条 承办人在调查处理土地权属争议过程中，可以向有关单位或者个人调查取证。被调查的单位或者个人应当协助，并如实提供有关证明材料。

第十八条 在调查处理土地权属争议过程中，国土资源行政主管部门认为有必要对争议的土地进行实地调查的，应当通知当事人及有关人员到现场。必要时，可以邀请有关部门派人协助调查。

第十九条 土地权属争议双方当事人对各自提出的事实和理由负有举证责任，应当及时向负责调查处理的国土资源行政主管部门提供有关证据材料。

第二十条 国土资源行政主管部门在调查处理争议案件时，应当审查双方当事人提供的下列证据材料：

（一）人民政府颁发的确定土地权属的凭证；

（二）人民政府或者主管部门批准征收、划拨、出让土地或者以其他方式批准使用土地的文件；

（三）争议双方当事人依法达成的书面协议；

（四）人民政府或者司法机关处理争议的文件或者附图；

（五）其他有关证明文件。

第二十一条 对当事人提供的证据材料，国土资源行政主管部门应当查证属实，方可作为认定事实的根据。

第二十二条 在土地所有权和使用权争议解决之前，任何一方不得改变土地利用的现状。

第二十三条　国土资源行政主管部门对受理的争议案件，应当在查清事实、分清权属关系的基础上先行调解，促使当事人以协商方式达成协议。调解应当坚持自愿、合法的原则。

第二十四条　调解达成协议的，应当制作调解书。调解书应当载明以下内容：

（一）当事人的姓名或者名称、法定代表人姓名、职务；

（二）争议的主要事实；

（三）协议内容及其他有关事项。

第二十五条　调解书经双方当事人签名或者盖章，由承办人署名并加盖国土资源行政主管部门的印章后生效。

生效的调解书具有法律效力，是土地登记的依据。

第二十六条　国土资源行政主管部门应当在调解书生效之日起15日内，依照民事诉讼法的有关规定，将调解书送达当事人，并同时抄报上一级国土资源行政主管部门。

第二十七条　调解未达成协议的，国土资源行政主管部门应当及时提出调查处理意见，报同级人民政府作出处理决定。

第二十八条　国土资源行政主管部门应当自受理土地权属争议之日起6个月内提出调查处理意见。因情况复杂，在规定时间内不能提出调查处理意见的，经该国土资源行政主管部门的主要负责人批准，可以适当延长。

第二十九条　调查处理意见应当包括以下内容：

（一）当事人的姓名或者名称、地址、法定代表人的姓名、职务；

（二）争议的事实、理由和要求；

（三）认定的事实和适用的法律、法规等依据；

（四）拟定的处理结论。

第三十条　国土资源行政主管部门提出调查处理意见后，应当在5个工作日内报送同级人民政府，由人民政府下达处理决定。

国土资源行政主管部门的调查处理意见在报同级人民政府的同时，抄报上一级国土资源行政主管部门。

第三十一条　当事人对人民政府作出的处理决定不服的，可以依法申请行政复议或者提起行政诉讼。

在规定的时间内，当事人既不申请行政复议，也不提起行政诉讼，处理决定即发生法律效力。

生效的处理决定是土地登记的依据。

第三十二条 在土地权属争议调查处理过程中，国土资源行政主管部门的工作人员玩忽职守、滥用职权、徇私舞弊，构成犯罪的，依法追究刑事责任；不构成犯罪的，由其所在单位或者其上级机关依法给予行政处分。

第三十三条 乡级人民政府处理土地权属争议，参照本办法执行。

第三十四条 调查处理争议案件的文书格式，由国土资源部统一制定。

第三十五条 调查处理争议案件的费用，依照国家有关规定执行。

第三十六条 本办法自2003年3月1日起施行。1995年12月18日原国家土地管理局发布的《土地权属争议处理暂行办法》同时废止。

最高人民法院关于审理涉及国有土地使用权合同纠纷案件适用法律问题的解释

（2004年11月23日最高人民法院审判委员会第1334次会议通过 根据2020年12月23日最高人民法院审判委员会第1823次会议通过的《最高人民法院关于修改〈最高人民法院关于在民事审判工作中适用《中华人民共和国工会法》若干问题的解释〉等二十七件民事类司法解释的决定》修正 2020年12月29日最高人民法院公告公布 自2021年1月1日起施行 法释〔2020〕17号）

为正确审理国有土地使用权合同纠纷案件，依法保护当事人的合法权益，根据《中华人民共和国民法典》《中华人民共和国土地管理法》《中华人民共和国城市房地产管理法》等法律规定，结合民事审判实践，制定本解释。

一、土地使用权出让合同纠纷

第一条 本解释所称的土地使用权出让合同，是指市、县人民政府自然资源主管部门作为出让方将国有土地使用权在一定年限内让与受让方，受让方支付土地使用权出让金的合同。

第二条　开发区管理委员会作为出让方与受让方订立的土地使用权出让合同，应当认定无效。

本解释实施前，开发区管理委员会作为出让方与受让方订立的土地使用权出让合同，起诉前经市、县人民政府自然资源主管部门追认的，可以认定合同有效。

第三条　经市、县人民政府批准同意以协议方式出让的土地使用权，土地使用权出让金低于订立合同时当地政府按照国家规定确定的最低价的，应当认定土地使用权出让合同约定的价格条款无效。

当事人请求按照订立合同时的市场评估价格交纳土地使用权出让金的，应予支持；受让方不同意按照市场评估价格补足，请求解除合同的，应予支持。因此造成的损失，由当事人按照过错承担责任。

第四条　土地使用权出让合同的出让方因未办理土地使用权出让批准手续而不能交付土地，受让方请求解除合同的，应予支持。

第五条　受让方经出让方和市、县人民政府城市规划行政主管部门同意，改变土地使用权出让合同约定的土地用途，当事人请求按照起诉时同种用途的土地出让金标准调整土地出让金的，应予支持。

第六条　受让方擅自改变土地使用权出让合同约定的土地用途，出让方请求解除合同的，应予支持。

二、土地使用权转让合同纠纷

第七条　本解释所称的土地使用权转让合同，是指土地使用权人作为转让方将出让土地使用权转让于受让方，受让方支付价款的合同。

第八条　土地使用权人作为转让方与受让方订立土地使用权转让合同后，当事人一方以双方之间未办理土地使用权变更登记手续为由，请求确认合同无效的，不予支持。

第九条　土地使用权人作为转让方就同一出让土地使用权订立数

个转让合同，在转让合同有效的情况下，受让方均要求履行合同的，按照以下情形分别处理：

（一）已经办理土地使用权变更登记手续的受让方，请求转让方履行交付土地等合同义务的，应予支持；

（二）均未办理土地使用权变更登记手续，已先行合法占有投资开发土地的受让方请求转让方履行土地使用权变更登记等合同义务的，应予支持；

（三）均未办理土地使用权变更登记手续，又未合法占有投资开发土地，先行支付土地转让款的受让方请求转让方履行交付土地和办理土地使用权变更登记等合同义务的，应予支持；

（四）合同均未履行，依法成立在先的合同受让方请求履行合同的，应予支持。

未能取得土地使用权的受让方请求解除合同、赔偿损失的，依照民法典的有关规定处理。

第十条 土地使用权人与受让方订立合同转让划拨土地使用权，起诉前经有批准权的人民政府同意转让，并由受让方办理土地使用权出让手续的，土地使用权人与受让方订立的合同可以按照补偿性质的合同处理。

第十一条 土地使用权人与受让方订立合同转让划拨土地使用权，起诉前经有批准权的人民政府决定不办理土地使用权出让手续，并将该划拨土地使用权直接划拨给受让方使用的，土地使用权人与受让方订立的合同可以按照补偿性质的合同处理。

三、合作开发房地产合同纠纷

第十二条 本解释所称的合作开发房地产合同，是指当事人订立的以提供出让土地使用权、资金等作为共同投资，共享利润、共担风险合作开发房地产为基本内容的合同。

第十三条 合作开发房地产合同的当事人一方具备房地产开发经营资质的，应当认定合同有效。

当事人双方均不具备房地产开发经营资质的，应当认定合同无效。但起诉前当事人一方已经取得房地产开发经营资质或者已依法合作成立具有房地产开发经营资质的房地产开发企业的，应当认定合同有效。

第十四条　投资数额超出合作开发房地产合同的约定，对增加的投资数额的承担比例，当事人协商不成的，按照当事人的违约情况确定；因不可归责于当事人的事由或者当事人的违约情况无法确定的，按照约定的投资比例确定；没有约定投资比例的，按照约定的利润分配比例确定。

第十五条　房屋实际建筑面积少于合作开发房地产合同的约定，对房屋实际建筑面积的分配比例，当事人协商不成的，按照当事人的违约情况确定；因不可归责于当事人的事由或者当事人违约情况无法确定的，按照约定的利润分配比例确定。

第十六条　在下列情形下，合作开发房地产合同的当事人请求分配房地产项目利益的，不予受理；已经受理的，驳回起诉：

（一）依法需经批准的房地产建设项目未经有批准权的人民政府主管部门批准；

（二）房地产建设项目未取得建设工程规划许可证；

（三）擅自变更建设工程规划。

因当事人隐瞒建设工程规划变更的事实所造成的损失，由当事人按照过错承担。

第十七条　房屋实际建筑面积超出规划建筑面积，经有批准权的人民政府主管部门批准后，当事人对超出部分的房屋分配比例协商不成的，按照约定的利润分配比例确定。对增加的投资数额的承担比例，当事人协商不成的，按照约定的投资比例确定；没有约定投资比例的，按照约定的利润分配比例确定。

第十八条　当事人违反规划开发建设的房屋，被有批准权的人民政府主管部门认定为违法建筑责令拆除，当事人对损失承担协商不成的，按照当事人过错确定责任；过错无法确定的，按照约定的投资比例确定责任；没有约定投资比例的，按照约定的利润分配比例确定责任。

第十九条　合作开发房地产合同约定仅以投资数额确定利润分配比例，当事人未足额交纳出资的，按照当事人的实际投资比例分配利润。

第二十条　合作开发房地产合同的当事人要求将房屋预售款充抵

投资参与利润分配的，不予支持。

第二十一条 合作开发房地产合同约定提供土地使用权的当事人不承担经营风险，只收取固定利益的，应当认定为土地使用权转让合同。

第二十二条 合作开发房地产合同约定提供资金的当事人不承担经营风险，只分配固定数量房屋的，应当认定为房屋买卖合同。

第二十三条 合作开发房地产合同约定提供资金的当事人不承担经营风险，只收取固定数额货币的，应当认定为借款合同。

第二十四条 合作开发房地产合同约定提供资金的当事人不承担经营风险，只以租赁或者其他形式使用房屋的，应当认定为房屋租赁合同。

四、其　　它

第二十五条 本解释自 2005 年 8 月 1 日起施行；施行后受理的第一审案件适用本解释。

本解释施行前最高人民法院发布的司法解释与本解释不一致的，以本解释为准。

最高人民法院关于审理破坏土地资源刑事案件具体应用法律若干问题的解释

（2000 年 6 月 19 日　法释〔2000〕14 号）

为依法惩处破坏土地资源犯罪活动，根据刑法的有关规定，现就审理这类案件具体应用法律的若干问题解释如下：

第一条 以牟利为目的，违反土地管理法规，非法转让、倒卖土地使用权，具有下列情形之一的，属于非法转让、倒卖土地使用权"情节严重"，依照刑法第二百二十八条的规定，以非法转让、倒卖土地使用权罪定罪处罚：

（一）非法转让、倒卖基本农田 5 亩以上的；
（二）非法转让、倒卖基本农田以外的耕地 10 亩以上的；
（三）非法转让、倒卖其他土地 20 亩以上的；
（四）非法获利 50 万元以上的；
（五）非法转让、倒卖土地接近上述数量标准并具有其他恶劣情节的，如曾因非法转让、倒卖土地使用权受过行政处罚或者造成严重后果等。

第二条 实施第一条规定的行为，具有下列情形之一的，属于非法转让、倒卖土地使用权"情节特别严重"：
（一）非法转让、倒卖基本农田 10 亩以上的；
（二）非法转让、倒卖基本农田以外的耕地 20 亩以上的；
（三）非法转让、倒卖其他土地 40 亩以上的；
（四）非法获利 100 万元以上的；
（五）非法转让、倒卖土地接近上述数量标准并具有其他恶劣情节，如造成严重后果等。

第三条 违反土地管理法规，非法占用耕地改作他用，数量较大，造成耕地大量毁坏的，依照刑法第三百四十二条的规定，以非法占用耕地罪定罪处罚：
（一）非法占用耕地"数量较大"，是指非法占用基本农田 5 亩以上或者非法占用基本农田以外的耕地 10 亩以上。
（二）非法占用耕地"造成耕地大量毁坏"，是指行为人非法占用耕地建窑、建坟、建房、挖沙、采石、采矿、取土、堆放固体废弃物或者进行其他非农业建设，造成基本农田 5 亩以上或者基本农田以外的耕地 10 亩以上种植条件严重毁坏或者严重污染。

第四条 国家机关工作人员徇私舞弊，违反土地管理法规，滥用职权，非法批准征用、占用土地，具有下列情形之一的，属于非法批准征用、占用土地"情节严重"，依照刑法第四百一十条的规定，以非法批准征用、占用土地罪定罪处罚：
（一）非法批准征用、占用基本农田 10 亩以上的；
（二）非法批准征用、占用基本农田以外的耕地 30 亩以上的；
（三）非法批准征用、占用其他土地 50 亩以上的；
（四）虽未达到上述数量标准，但非法批准征用、占用土地造成直接经济损失 30 万元以上；造成耕地大量毁坏等恶劣情节的。

第五条 实施第四条规定的行为，具有下列情形之一的，属于非法批准征用、占用土地"致使国家或者集体利益遭受特别重大损失"：

（一）非法批准征用、占用基本农田 20 亩以上的；

（二）非法批准征用、占用基本农田以外的耕地 60 亩以上的；

（三）非法批准征用、占用其他土地 100 亩以上的；

（四）非法批准征用、占用土地，造成基本农田 5 亩以上，其他耕地 10 亩以上严重毁坏的；

（五）非法批准征用、占用土地造成直接经济损失 50 万元以上等恶劣情节的。

第六条　国家机关工作人员徇私舞弊，违反土地管理法规，非法低价出让国有土地使用权，具有下列情形之一的，属于"情节严重"，依照刑法第四百一十条的规定，以非法低价出让国有土地使用权罪定罪处罚：

（一）出让国有土地使用权面积在 30 亩以上，并且出让价额低于国家规定的最低价额标准的 60% 的；

（二）造成国有土地资产流失价额在 30 万元以上的。

第七条　实施第六条规定的行为，具有下列情形之一的，属于非法低价出让国有土地使用权，"致使国家和集体利益遭受特别重大损失"：

（一）非法低价出让国有土地使用权面积在 60 亩以上，并且出让价额低于国家规定的最低价额标准的 40% 的；

（二）造成国有土地资产流失价额在 50 万元以上的。

第八条　单位犯非法转让、倒卖土地使用权罪、非法占有耕地罪的定罪量刑标准，依照本解释第一条、第二条、第三条的规定执行。

第九条　多次实施本解释规定的行为依法应当追诉的，或者 1 年内多次实施本解释规定的行为未经处理的，按照累计的数量、数额处罚。

最高人民法院关于审理涉及农村集体土地行政案件若干问题的规定

(2011年8月7日 法释〔2011〕20号)

为正确审理涉及农村集体土地的行政案件,根据《中华人民共和国物权法》、《中华人民共和国土地管理法》和《中华人民共和国行政诉讼法》等有关法律规定,结合行政审判实际,制定本规定。

第一条 农村集体土地的权利人或者利害关系人(以下简称土地权利人)认为行政机关作出的涉及农村集体土地的行政行为侵犯其合法权益,提起诉讼的,属于人民法院行政诉讼的受案范围。

第二条 土地登记机构根据人民法院生效裁判文书、协助执行通知书或者仲裁机构的法律文书办理的土地权属登记行为,土地权利人不服提起诉讼的,人民法院不予受理,但土地权利人认为登记内容与有关文书内容不一致的除外。

第三条 村民委员会或者农村集体经济组织对涉及农村集体土地的行政行为不起诉的,过半数的村民可以以集体经济组织名义提起诉讼。

农村集体经济组织成员全部转为城镇居民后,对涉及农村集体土地的行政行为不服的,过半数的原集体经济组织成员可以提起诉讼。

第四条 土地使用权人或者实际使用人对行政机关作出涉及其使用或实际使用的集体土地的行政行为不服的,可以自己的名义提起诉讼。

第五条 土地权利人认为土地储备机构作出的行为侵犯其依法享有的农村集体土地所有权或使用权,向人民法院提起诉讼的,应当以土地储备机构所隶属的土地管理部门为被告。

第六条 土地权利人认为乡级以上人民政府作出的土地确权决定侵犯其依法享有的农村集体土地所有权或者使用权,经复议后向人民法院提起诉讼的,人民法院应当依法受理。

法律、法规规定应当先申请行政复议的土地行政案件,复议机关作出不受理复议申请的决定或者以不符合受理条件为由驳回复议申请，复议申请人不服的，应当以复议机关为被告向人民法院提起诉讼。

第七条　土地权利人认为行政机关作出的行政处罚、行政强制措施等行政行为侵犯其依法享有的农村集体土地所有权或者使用权，直接向人民法院提起诉讼的，人民法院应当依法受理。

第八条　土地权属登记（包括土地权属证书）在生效裁判和仲裁裁决中作为定案证据，利害关系人对该登记行为提起诉讼的，人民法院应当依法受理。

第九条　涉及农村集体土地的行政决定以公告方式送达的，起诉期限自公告确定的期限届满之日起计算。

第十条　土地权利人对土地管理部门组织实施过程中确定的土地补偿有异议，直接向人民法院提起诉讼的，人民法院不予受理，但应当告知土地权利人先申请行政机关裁决。

第十一条　土地权利人以土地管理部门超过两年对非法占地行为进行处罚违法，向人民法院起诉的，人民法院应当按照行政处罚法第二十九条第二款的规定处理。

第十二条　征收农村集体土地时涉及被征收土地上的房屋及其他不动产，土地权利人可以请求依照物权法第四十二条第二款的规定给予补偿。

征收农村集体土地时未就被征收土地上的房屋及其他不动产进行安置补偿，补偿安置时房屋所在地已纳入城市规划区，土地权利人请求参照执行国有土地上房屋征收补偿标准的，人民法院一般应予支持，但应当扣除已经取得的土地补偿费。

第十三条　在审理土地行政案件中，人民法院经当事人同意进行协调的期间，不计算在审理期限内。当事人不同意继续协商的，人民法院应当及时审理，并恢复计算审理期限。

第十四条　县级以上人民政府土地管理部门根据土地管理法实施条例第四十五条的规定，申请人民法院执行其作出的责令交出土地决定的，应当符合下列条件：

（一）征收土地方案已经有权机关依法批准；

（二）市、县人民政府和土地管理部门已经依照土地管理法和土地管理法实施条例规定的程序实施征地行为；

（三）被征收土地所有权人、使用人已经依法得到安置补偿或者无正当理由拒绝接受安置补偿，且拒不交出土地，已经影响到征收工作的正常进行；

（四）符合最高人民法院《关于执行〈中华人民共和国行政诉讼法〉若干问题的解释》第八十六条规定的条件。

人民法院对符合条件的申请，应当予以受理，并通知申请人；对不符合条件的申请，应当裁定不予受理。

第十五条 最高人民法院以前所作的司法解释与本规定不一致的，以本规定为准。

实用附录：

1. 集体土地征收补偿标准

补偿项目	补偿标准
土地补偿费及安置补助费	补偿标准由省、自治区、直辖市通过制定公布区片综合地价确定。 制定区片综合地价应当综合考虑土地原用途、土地资源条件、土地产值、土地区位、土地供求关系、人口以及经济社会发展水平等因素。 区片综合地价至少每三年调整或者重新公布一次。
地上附着物和青苗补偿	补偿标准由省、自治区、直辖市制定。
农村村民住宅安置	坚持"先补偿后搬迁、居住条件有改善"原则。 尊重农村村民意愿，采取重新安排宅基地建房、提供安置房或者货币补偿等方式给予公平、合理的补偿，并对因征收造成的搬迁、临时安置等费用予以补偿。
社会保障费用	应当将被征地农民纳入相应的养老等社会保障体系。被征地农民的社会保障费用主要用于符合条件的被征地农民的养老保险等社会保险缴费补贴。

2. 行政复议、行政诉讼流程简图[*]

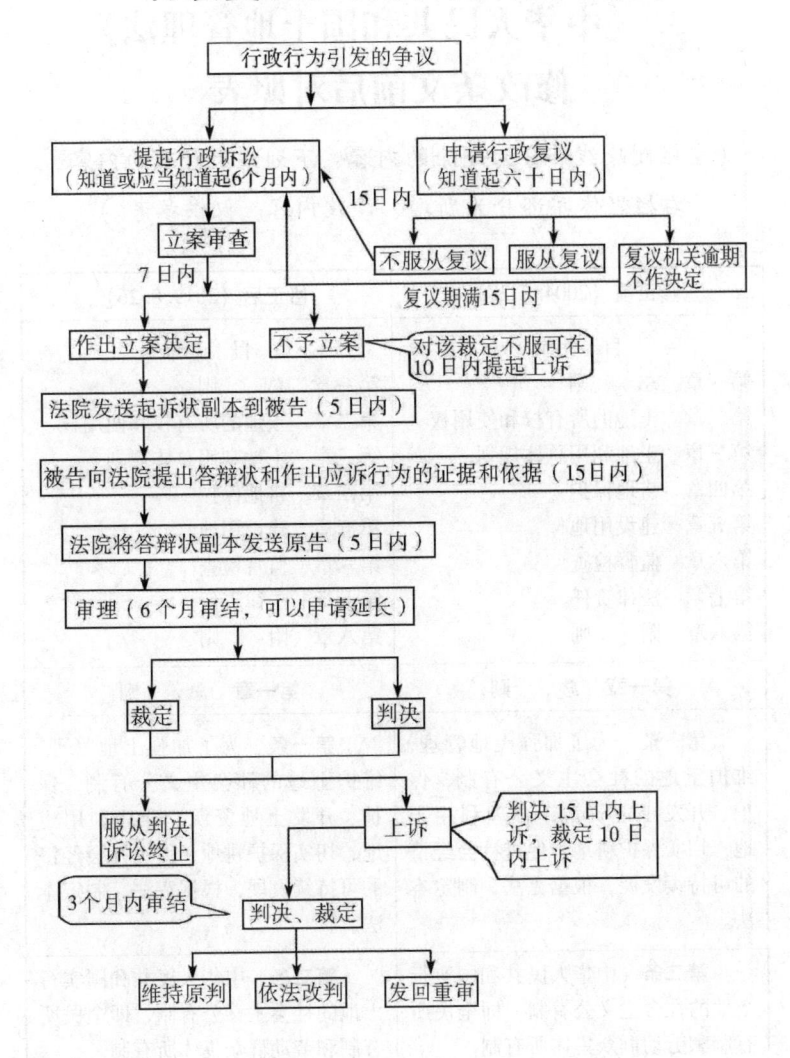

```
                    行政行为引发的争议
                    ┌──────┴──────┐
        提起行政诉讼              申请行政复议
    （知道或应当知道起6个月内）    （知道起六十日内）
            │           15日内      │
          立案审查      ┌──────┼──────┐
            │ 7日内    不服从复议  服从复议  复议机关逾期
            │                              不作决定
            │         复议期满15日内
      ┌─────┴─────┐
  作出立案决定    不予立案 ── 对该裁定不服可在
      │                       10日内提起上诉
  法院发送起诉状副本到被告（5日内）
      │
  被告向法院提出答辩状和作出应诉行为的证据和依据（15日内）
      │
  法院将答辩状副本发送原告（5日内）
      │
  审理（6个月审结，可以申请延长）
      │
  ┌───┴───┐
 裁定    判决
  │       │
  │   ┌───┴───┐
服从判决  上诉 ── 判决15日内上诉，
诉讼终止   │      裁定10日内上诉
           │
  3个月内审结
           │
       判决、裁定
      ┌────┼────┐
  维持原判 依法改判 发回重审
```

---

[*] 根据相关法律规定编制，供参考。

3.《中华人民共和国土地管理法》修改条文前后对照表

（左栏删除线部分为删除的内容，下划线为修改的内容，右栏黑体字部分为新增、修改内容。仅供参考。）

修正前（2004.8.28）	修正后（2019.8.26）
目　　录 第一章　总　　则 第二章　土地的所有权和使用权 第三章　土地利用总体规划 第四章　耕地保护 第五章　建设用地 第六章　监督检查 第七章　法律责任 第八章　附　　则	目　　录 第一章　总　　则 第二章　土地的所有权和使用权 第三章　土地利用总体规划 第四章　耕地保护 第五章　建设用地 第六章　监督检查 第七章　法律责任 第八章　附　　则
第一章　总　　则	第一章　总　　则
第一条　为了加强土地管理，维护土地的社会主义公有制，保护、开发土地资源，合理利用土地，切实保护耕地，促进社会经济的可持续发展，根据宪法，制定本法。	**第一条**　为了加强土地管理，维护土地的社会主义公有制，保护、开发土地资源，合理利用土地，切实保护耕地，促进社会经济的可持续发展，根据宪法，制定本法。
第二条　中华人民共和国实行土地的社会主义公有制，即全民所有制和劳动群众集体所有制。 　　全民所有，即国家所有土地的所有权由国务院代表国家行使。	**第二条**　中华人民共和国实行土地的社会主义公有制，即全民所有制和劳动群众集体所有制。 　　全民所有，即国家所有土地的所有权由国务院代表国家行使。

修正前（2004.8.28）	修正后（2019.8.26）
任何单位和个人不得侵占、买卖或者以其他形式非法转让土地。土地使用权可以依法转让。 国家为了公共利益的需要，可以依法对土地实行征收或者征用并给予补偿。 国家依法实行国有土地有偿使用制度。但是，国家在法律规定的范围内划拨国有土地使用权的除外。	任何单位和个人不得侵占、买卖或者以其他形式非法转让土地。土地使用权可以依法转让。 国家为了公共利益的需要，可以依法对土地实行征收或者征用并给予补偿。 国家依法实行国有土地有偿使用制度。但是，国家在法律规定的范围内划拨国有土地使用权的除外。
第三条 十分珍惜、合理利用土地和切实保护耕地是我国的基本国策。各级人民政府应当采取措施，全面规划，严格管理，保护、开发土地资源，制止非法占用土地的行为。	**第三条** 十分珍惜、合理利用土地和切实保护耕地是我国的基本国策。各级人民政府应当采取措施，全面规划，严格管理，保护、开发土地资源，制止非法占用土地的行为。
第四条 国家实行土地用途管制制度。 国家编制土地利用总体规划，规定土地用途，将土地分为农用地、建设用地和未利用地。严格限制农用地转为建设用地，控制建设用地总量，对耕地实行特殊保护。 前款所称农用地是指直接用于农业生产的土地，包括耕地、林地、草地、农田水利用地、养殖水面等；建设用地是指建造建筑物、构筑物的土地，包括城乡住宅和公共设施用地、工矿用地、交通水利设施用地、旅游用地、军事设施用地等；未利用地是指农用地和建设用地以外的土地。	**第四条** 国家实行土地用途管制制度。 国家编制土地利用总体规划，规定土地用途，将土地分为农用地、建设用地和未利用地。严格限制农用地转为建设用地，控制建设用地总量，对耕地实行特殊保护。 前款所称农用地是指直接用于农业生产的土地，包括耕地、林地、草地、农田水利用地、养殖水面等；建设用地是指建造建筑物、构筑物的土地，包括城乡住宅和公共设施用地、工矿用地、交通水利设施用地、旅游用地、军事设施用地等；未利用地是指农用地和建设用地以外的土地。

修正前（2004.8.28）	修正后（2019.8.26）
使用土地的单位和个人必须严格按照土地利用总体规划确定的用途使用土地。	使用土地的单位和个人必须严格按照土地利用总体规划确定的用途使用土地。
第五条　国务院<u>土地行政</u>主管部门统一负责全国土地的管理和监督工作。 县级以上地方人民政府<u>土地行政</u>主管部门的设置及其职责，由省、自治区、直辖市人民政府根据国务院有关规定确定。	第五条　国务院**自然资源**主管部门统一负责全国土地的管理和监督工作。 县级以上地方人民政府**自然资源**主管部门的设置及其职责，由省、自治区、直辖市人民政府根据国务院有关规定确定。
	第六条　国务院授权的机构对省、自治区、直辖市人民政府以及国务院确定的城市人民政府土地利用和土地管理情况进行督察。
第六条　任何单位和个人都有遵守土地管理法律、法规的义务，并有权对违反土地管理法律、法规的行为提出检举和控告。	第七条　任何单位和个人都有遵守土地管理法律、法规的义务，并有权对违反土地管理法律、法规的行为提出检举和控告。
第七条　在保护和开发土地资源、合理利用土地以及进行有关的科学研究等方面成绩显著的单位和个人，由人民政府给予奖励。	第八条　在保护和开发土地资源、合理利用土地以及进行有关的科学研究等方面成绩显著的单位和个人，由人民政府给予奖励。
第二章　土地的所有权和使用权	第二章　土地的所有权和使用权
第八条　城市市区的土地属于国家所有。 农村和城市郊区的土地，除由法律规定属于国家所有的以外，属于农民集体所有；宅基地和自留地、自留山，属于农民集体所有。	第九条　城市市区的土地属于国家所有。 农村和城市郊区的土地，除由法律规定属于国家所有的以外，属于农民集体所有；宅基地和自留地、自留山，属于农民集体所有。

修正前（2004.8.28）	修正后（2019.8.26）
第九条 国有土地和农民集体所有的土地，可以依法确定给单位或者个人使用。使用土地的单位和个人，有保护、管理和合理利用土地的义务。	第十条 国有土地和农民集体所有的土地，可以依法确定给单位或者个人使用。使用土地的单位和个人，有保护、管理和合理利用土地的义务。
第十条 农民集体所有的土地依法属于村农民集体所有的，由村集体经济组织或者村民委员会经营、管理；已经分别属于村内两个以上农村集体经济组织的农民集体所有的，由村内各该农村集体经济组织或者村民小组经营、管理；已经属于乡（镇）农民集体所有的，由乡（镇）农村集体经济组织经营、管理。	第十一条 农民集体所有的土地依法属于村农民集体所有的，由村集体经济组织或者村民委员会经营、管理；已经分别属于村内两个以上农村集体经济组织的农民集体所有的，由村内各该农村集体经济组织或者村民小组经营、管理；已经属于乡（镇）农民集体所有的，由乡（镇）农村集体经济组织经营、管理。
第十一条 ~~农民集体所有的土地，由县级人民政府登记造册，核发证书，确认所有权。~~ ~~农民集体所有的土地依法用于非农业建设的，由县级人民政府登记造册，核发证书，确认建设用地使用权。~~ ~~单位和个人依法使用的国有土地，由县级以上人民政府登记造册，核发证书，确认使用权，其中，中央国家机关使用的国有土地的具体登记发证机关，由国务院确定。~~ ~~确认林地、草原的所有权或者使用权，确认水面、滩涂的养~~	第十二条 土地的所有权和使用权的登记，依照有关不动产登记的法律、行政法规执行。 依法登记的土地的所有权和使用权受法律保护，任何单位和个人不得侵犯。

173

修正前（2004.8.28）	修正后（2019.8.26）
殖使用权，分别依照《中华人民共和国森林法》、《中华人民共和国草原法》和《中华人民共和国渔业法》的有关规定办理。	
第十二条　依法改变土地权属和用途的，应当办理土地变更登记手续。	
第十三条　依法登记的土地的所有权和使用权受法律保护，任何单位和个人不得侵犯。	
第十四条　农民集体所有的土地由本集体经济组织的成员承包经营，从事种植业、林业、畜牧业、渔业生产。土地承包经营期限为三十年。发包方和承包方应当订立承包合同，约定双方的权利和义务。承包经营土地的农民有保护和按照承包合同约定的用途合理利用土地的义务。农民的土地承包经营权受法律保护。 　　在土地承包经营期限内，对个别承包经营者之间承包的土地进行适当调整的，必须经村民会议三分之二以上成员或者三分之二以上村民代表的同意，并报乡（镇）人民政府和县级人民政府农业行政主管部门批准。	第十三条　农民集体所有和国家所有依法由农民集体使用的耕地、林地、草地，以及其他依法用于农业的土地，采取农村集体经济组织内部的家庭承包方式承包，不宜采取家庭承包方式的荒山、荒沟、荒丘、荒滩等，可以采取招标、拍卖、公开协商等方式承包，从事种植业、林业、畜牧业、渔业生产。家庭承包的耕地的承包期为三十年，草地的承包期为三十年至五十年，林地的承包期为三十年至七十年；耕地承包期届满后再延长三十年，草地、林地承包期届满后依法相应延长。
第十五条　国有土地可以由单位或者个人承包经营，从事种植业、林业、畜牧业、渔业生产。	国家所有依法用于农业的土地可以由单位或者个人承包经营，从事种植业、林业、畜牧业、渔业生产。

修正前（2004.8.28）	修正后（2019.8.26）
~~农民集体所有的土地，可以由本集体经济组织以外的单位或者个人承包经营，从事种植业、林业、畜牧业、渔业生产。~~发包方和承包方应当订立承包合同，约定双方的权利和义务。~~土地承包经营的期限由承包合同约定。~~承包经营土地的单位和个人，有保护和按照承包合同约定的用途合理利用土地的义务。 ~~农民集体所有的土地由本集体经济组织以外的单位或者个人承包经营的，必须经村民会议三分之二以上成员或者三分之二以上村民代表的同意，并报乡（镇）人民政府批准。~~	发包方和承包方应当**依法**订立承包合同，约定双方的权利和义务。承包经营土地的**单位和个人**，有保护和按照承包合同约定的用途合理利用土地的义务。
第十六条 土地所有权和使用权争议，由当事人协商解决；协商不成的，由人民政府处理。 单位之间的争议，由县级以上人民政府处理；个人之间、个人与单位之间的争议，由乡级人民政府或者县级以上人民政府处理。 当事人对有关人民政府的处理决定不服的，可以自接到处理决定通知之日起三十日内，向人民法院起诉。 在土地所有权和使用权争议解决前，任何一方不得改变土地利用现状。	**第十四条** 土地所有权和使用权争议，由当事人协商解决；协商不成的，由人民政府处理。 单位之间的争议，由县级以上人民政府处理；个人之间、个人与单位之间的争议，由乡级人民政府或者县级以上人民政府处理。 当事人对有关人民政府的处理决定不服的，可以自接到处理决定通知之日起三十日内，向人民法院起诉。 在土地所有权和使用权争议解决前，任何一方不得改变土地利用现状。

修正前（2004.8.28）	修正后（2019.8.26）
第三章　土地利用总体规划	**第三章　土地利用总体规划**
第十七条　各级人民政府应当依据国民经济和社会发展规划、国土整治和资源环境保护的要求、土地供给能力以及各项建设对土地的需求，组织编制土地利用总体规划。 土地利用总体规划的规划期限由国务院规定。	**第十五条**　各级人民政府应当依据国民经济和社会发展规划、国土整治和资源环境保护的要求、土地供给能力以及各项建设对土地的需求，组织编制土地利用总体规划。 土地利用总体规划的规划期限由国务院规定。
第十八条　下级土地利用总体规划应当依据上一级土地利用总体规划编制。 地方各级人民政府编制的土地利用总体规划中的建设用地总量不得超过上一级土地利用总体规划确定的控制指标，耕地保有量不得低于上一级土地利用总体规划确定的控制指标。 省、自治区、直辖市人民政府编制的土地利用总体规划，应当确保本行政区域内耕地总量不减少。	**第十六条**　下级土地利用总体规划应当依据上一级土地利用总体规划编制。 地方各级人民政府编制的土地利用总体规划中的建设用地总量不得超过上一级土地利用总体规划确定的控制指标，耕地保有量不得低于上一级土地利用总体规划确定的控制指标。 省、自治区、直辖市人民政府编制的土地利用总体规划，应当确保本行政区域内耕地总量不减少。
第十九条　土地利用总体规划按照下列原则编制： （一）严格保护基本农田，控制非农业建设占用农用地； （二）提高土地利用率； （三）统筹安排各类、各区域用地；	**第十七条**　土地利用总体规划按照下列原则编制： （一）**落实国土空间开发保护要求，严格土地用途管制**； （二）严格保护**永久**基本农田，**严格**控制非农业建设占用农用地；

修正前（2004.8.28）	修正后（2019.8.26）
（四）保护和改善生态环境，保障土地的可持续利用； （五）占用耕地与开发复垦耕地相平衡。	（三）提高土地节约集约利用水平； （四）统筹安排城乡生产、生活、生态用地，满足乡村产业和基础设施用地合理需求，促进城乡融合发展； （五）保护和改善生态环境，保障土地的可持续利用； （六）占用耕地与开发复垦耕地数量平衡、质量相当。
	第十八条 国家建立国土空间规划体系。编制国土空间规划应当坚持生态优先，绿色、可持续发展，科学有序统筹安排生态、农业、城镇等功能空间，优化国土空间结构和布局，提升国土空间开发、保护的质量和效率。 经依法批准的国土空间规划是各类开发、保护、建设活动的基本依据。已经编制国土空间规划的，不再编制土地利用总体规划和城乡规划。
第二十条 县级土地利用总体规划应当划分土地利用区，明确土地用途。 乡（镇）土地利用总体规划应当划分土地利用区，根据土地使用条件，确定每一块土地的用途，并予以公告。	第十九条 县级土地利用总体规划应当划分土地利用区，明确土地用途。 乡（镇）土地利用总体规划应当划分土地利用区，根据土地使用条件，确定每一块土地的用途，并予以公告。

修正前（2004.8.28）	修正后（2019.8.26）
第二十一条 土地利用总体规划实行分级审批。 省、自治区、直辖市的土地利用总体规划，报国务院批准。 省、自治区人民政府所在地的市、人口在一百万以上的城市以及国务院指定的城市的土地利用总体规划，经省、自治区人民政府审查同意后，报国务院批准。 本条第二款、第三款规定以外的土地利用总体规划，逐级上报省、自治区、直辖市人民政府批准；其中，乡（镇）土地利用总体规划可以由省级人民政府授权的设区的市、自治州人民政府批准。 土地利用总体规划一经批准，必须严格执行。	第二十条 土地利用总体规划实行分级审批。 省、自治区、直辖市的土地利用总体规划，报国务院批准。 省、自治区人民政府所在地的市、人口在一百万以上的城市以及国务院指定的城市的土地利用总体规划，经省、自治区人民政府审查同意后，报国务院批准。 本条第二款、第三款规定以外的土地利用总体规划，逐级上报省、自治区、直辖市人民政府批准；其中，乡（镇）土地利用总体规划可以由省级人民政府授权的设区的市、自治州人民政府批准。 土地利用总体规划一经批准，必须严格执行。
第二十二条 城市建设用地规模应当符合国家规定的标准，充分利用现有建设用地，不占或者尽量少占农用地。 城市总体规划、村庄和集镇规划，应当与土地利用总体规划相衔接，城市总体规划、村庄和集镇规划中建设用地规模不得超过土地利用总体规划确定的城市和村庄、集镇建设用地规模。 在城市规划区内、村庄和集镇规划区内，城市和村庄、集镇建设用地应当符合城市规划、村庄和集镇规划。	第二十一条 城市建设用地规模应当符合国家规定的标准，充分利用现有建设用地，不占或者尽量少占农用地。 城市总体规划、村庄和集镇规划，应当与土地利用总体规划相衔接，城市总体规划、村庄和集镇规划中建设用地规模不得超过土地利用总体规划确定的城市和村庄、集镇建设用地规模。 在城市规划区内、村庄和集镇规划区内，城市和村庄、集镇建设用地应当符合城市规划、村庄和集镇规划。

修正前（2004.8.28）	修正后（2019.8.26）
第二十三条　江河、湖泊综合治理和开发利用规划，应当与土地利用总体规划相衔接。在江河、湖泊、水库的管理和保护范围以及蓄洪滞洪区内，土地利用应当符合江河、湖泊综合治理和开发利用规划，符合河道、湖泊行洪、蓄洪和输水的要求。	第二十二条　江河、湖泊综合治理和开发利用规划，应当与土地利用总体规划相衔接。在江河、湖泊、水库的管理和保护范围以及蓄洪滞洪区内，土地利用应当符合江河、湖泊综合治理和开发利用规划，符合河道、湖泊行洪、蓄洪和输水的要求。
第二十四条　各级人民政府应当加强土地利用计划管理，实行建设用地总量控制。 土地利用年度计划，根据国民经济和社会发展计划、国家产业政策、土地利用总体规划以及建设用地和土地利用的实际状况编制。土地利用年度计划的编制审批程序与土地利用总体规划的编制审批程序相同，一经审批下达，必须严格执行。	第二十三条　各级人民政府应当加强土地利用计划管理，实行建设用地总量控制。 土地利用年度计划，根据国民经济和社会发展计划、国家产业政策、土地利用总体规划以及建设用地和土地利用的实际状况编制。**土地利用年度计划应当对本法第六十三条规定的集体经营性建设用地作出合理安排。**土地利用年度计划的编制审批程序与土地利用总体规划的编制审批程序相同，一经审批下达，必须严格执行。
第二十五条　省、自治区、直辖市人民政府应当将土地利用年度计划的执行情况列为国民经济和社会发展计划执行情况的内容，向同级人民代表大会报告。	第二十四条　省、自治区、直辖市人民政府应当将土地利用年度计划的执行情况列为国民经济和社会发展计划执行情况的内容，向同级人民代表大会报告。

修正前（2004.8.28）	修正后（2019.8.26）
第二十六条 经批准的土地利用总体规划的修改，须经原批准机关批准；未经批准，不得改变土地利用总体规划确定的土地用途。 经国务院批准的大型能源、交通、水利等基础设施建设用地，需要改变土地利用总体规划的，根据国务院的批准文件修改土地利用总体规划。 经省、自治区、直辖市人民政府批准的能源、交通、水利等基础设施建设用地，需要改变土地利用总体规划的，属于省级人民政府土地利用总体规划批准权限内的，根据省级人民政府的批准文件修改土地利用总体规划。	第二十五条 经批准的土地利用总体规划的修改，须经原批准机关批准；未经批准，不得改变土地利用总体规划确定的土地用途。 经国务院批准的大型能源、交通、水利等基础设施建设用地，需要改变土地利用总体规划的，根据国务院的批准文件修改土地利用总体规划。 经省、自治区、直辖市人民政府批准的能源、交通、水利等基础设施建设用地，需要改变土地利用总体规划的，属于省级人民政府土地利用总体规划批准权限内的，根据省级人民政府的批准文件修改土地利用总体规划。
第二十七条 国家建立土地调查制度。 县级以上人民政府<u>土地行政</u>主管部门会同同级有关部门进行土地调查。土地所有者或者使用者应当配合调查，并提供有关资料。	第二十六条 国家建立土地调查制度。 县级以上人民政府**自然资源**主管部门会同同级有关部门进行土地调查。土地所有者或者使用者应当配合调查，并提供有关资料。
第二十八条 县级以上人民政府<u>土地行政</u>主管部门会同同级有关部门根据土地调查成果、规划土地用途和国家制定的统一标准，评定土地等级。	第二十七条 县级以上人民政府**自然资源**主管部门会同同级有关部门根据土地调查成果、规划土地用途和国家制定的统一标准，评定土地等级。

修正前（2004.8.28）	修正后（2019.8.26）
第二十九条　国家建立土地统计制度。 县级以上人民政府土地行政主管部门和同级统计部门共同制定统计调查方案，依法进行土地统计，定期发布土地统计资料。土地所有者或者使用者应当提供有关资料，不得虚报、瞒报、拒报、迟报。 土地行政主管部门和统计部门共同发布的土地面积统计资料是各级人民政府编制土地利用总体规划的依据。	第二十八条　国家建立土地统计制度。 县级以上人民政府**统计机构和自然资源**主管部门依法进行土地统计**调查**，定期发布土地统计资料。土地所有者或者使用者应当提供有关资料，不得拒报、迟报，**不得提供不真实、不完整的资料**。 **统计机构和自然资源**主管部门共同发布的土地面积统计资料是各级人民政府编制土地利用总体规划的依据。
第三十条　国家建立全国土地管理信息系统，对土地利用状况进行动态监测。	第二十九条　国家建立全国土地管理信息系统，对土地利用状况进行动态监测。
第四章　耕地保护	第四章　耕地保护
第三十一条　国家保护耕地，严格控制耕地转为非耕地。 国家实行占用耕地补偿制度。非农业建设经批准占用耕地的，按照"占多少，垦多少"的原则，由占用耕地的单位负责开垦与所占用耕地的数量和质量相当的耕地；没有条件开垦或者开垦的耕地不符合要求的，应当按照省、自治区、直辖市的规定缴纳耕地开垦费，专款用于开垦新的耕地。 省、自治区、直辖市人民政府应当制定开垦耕地计划，监督	第三十条　国家保护耕地，严格控制耕地转为非耕地。 国家实行占用耕地补偿制度。非农业建设经批准占用耕地的，按照"占多少，垦多少"的原则，由占用耕地的单位负责开垦与所占用耕地的数量和质量相当的耕地；没有条件开垦或者开垦的耕地不符合要求的，应当按照省、自治区、直辖市的规定缴纳耕地开垦费，专款用于开垦新的耕地。 省、自治区、直辖市人民政府应当制定开垦耕地计划，监督

修正前（2004.8.28）	修正后（2019.8.26）
占用耕地的单位按照计划开垦耕地或者按照计划组织开垦耕地，并进行验收。	占用耕地的单位按照计划开垦耕地或者按照计划组织开垦耕地，并进行验收。
第三十二条 县级以上地方人民政府可以要求占用耕地的单位将所占用耕地耕作层的土壤用于新开垦耕地、劣质地或者其他耕地的土壤改良。	第三十一条 县级以上地方人民政府可以要求占用耕地的单位将所占用耕地耕作层的土壤用于新开垦耕地、劣质地或者其他耕地的土壤改良。
第三十三条 省、自治区、直辖市人民政府应当严格执行土地利用总体规划和土地利用年度计划，采取措施，确保本行政区域内耕地总量不减少；耕地总量减少的，由国务院责令在规定期限内组织开垦与所减少耕地的数量与质量相当的耕地，并由国务院土地行政主管部门会同农业行政主管部门验收。个别省、直辖市确因土地后备资源匮乏，新增建设用地后，新开垦耕地的数量不足以补偿所占用耕地的数量的，必须报经国务院批准减免本行政区域内开垦耕地的数量，进行易地开垦。	第三十二条 省、自治区、直辖市人民政府应当严格执行土地利用总体规划和土地利用年度计划，采取措施，确保本行政区域内耕地总量不减少、**质量不降低**。耕地总量减少的，由国务院责令在规定期限内组织开垦与所减少耕地的数量与质量相当的耕地；**耕地质量降低的，由国务院责令在规定期限内组织整治。新开垦和整治的耕地**由国务院**自然资源**主管部门会同农业**农村**主管部门验收。 个别省、直辖市确因土地后备资源匮乏，新增建设用地后，新开垦耕地的数量不足以补偿所占用耕地的数量的，必须报经国务院批准减免本行政区域内开垦耕地的数量，易地开垦**数量和质量相当的耕地**。

修正前（2004.8.28）	修正后（2019.8.26）
第三十四条　国家实行基本农田保护制度。下列耕地应当根据土地利用总体规划划入基本农田保护区，严格管理： （一）经国务院有关主管部门或者县级以上地方人民政府批准确定的粮、棉、油生产基地内的耕地； （二）有良好的水利与水土保持设施的耕地，正在实施改造计划以及可以改造的中、低产田； （三）蔬菜生产基地； （四）农业科研、教学试验田； （五）国务院规定应当划入基本农田保护区的其他耕地。 各省、自治区、直辖市划定的基本农田应当占本行政区域内耕地的百分之八十以上。 基本农田保护区以乡（镇）为单位进行划区定界，由县级人民政府土地行政主管部门会同同级农业行政主管部门组织实施。	第三十三条　国家实行永久基本农田保护制度。下列耕地应当根据土地利用总体规划划为永久基本农田，实行严格保护： （一）经国务院农业农村主管部门或者县级以上地方人民政府批准确定的粮、棉、油、糖等重要农产品生产基地内的耕地； （二）有良好的水利与水土保持设施的耕地，正在实施改造计划以及可以改造的中、低产田和已建成的高标准农田； （三）蔬菜生产基地； （四）农业科研、教学试验田； （五）国务院规定应当划为永久基本农田的其他耕地。 各省、自治区、直辖市划定的永久基本农田一般应当占本行政区域内耕地的百分之八十以上，具体比例由国务院根据各省、自治区、直辖市耕地实际情况规定。
	第三十四条　永久基本农田划定以乡（镇）为单位进行，由县级人民政府自然资源主管部门会同同级农业农村主管部门组织实施。永久基本农田应当落实到地块，纳入国家永久基本农田数据库严格管理。 乡（镇）人民政府应当将永久基本农田的位置、范围向社会公告，并设立保护标志。

修正前（2004.8.28）	修正后（2019.8.26）
	第三十五条 永久基本农田经依法划定后，任何单位和个人不得擅自占用或者改变其用途。国家能源、交通、水利、军事设施等重点建设项目选址确实难以避让永久基本农田，涉及农用地转用或者土地征收的，必须经国务院批准。 禁止通过擅自调整县级土地利用总体规划、乡（镇）土地利用总体规划等方式规避永久基本农田农用地转用或者土地征收的审批。
第三十五条 各级人民政府应当采取措施，维护排灌工程设施，改良土壤，提高地力，防止土地荒漠化、盐渍化、水土流失和污染土地。	第三十六条 各级人民政府应当采取措施，**引导因地制宜轮作休耕**，改良土壤，提高地力，维护排灌工程设施，防止土地荒漠化、盐渍化、水土流失和**土壤**污染。
第三十六条 非农业建设必须节约使用土地，可以利用荒地的，不得占用耕地；可以利用劣地的，不得占用好地。 禁止占用耕地建窑、建坟或者擅自在耕地上建房、挖砂、采石、采矿、取土等。 禁止占用基本农田发展林果业和挖塘养鱼。	第三十七条 非农业建设必须节约使用土地，可以利用荒地的，不得占用耕地；可以利用劣地的，不得占用好地。 禁止占用耕地建窑、建坟或者擅自在耕地上建房、挖砂、采石、采矿、取土等。 禁止占用**永久**基本农田发展林果业和挖塘养鱼。

修正前（2004.8.28）	修正后（2019.8.26）
第三十七条　禁止任何单位和个人闲置、荒芜耕地。已经办理审批手续的非农业建设占用耕地，一年内不用而又可以耕种并收获的，应当由原耕种该幅耕地的集体或者个人恢复耕种，也可以由用地单位组织耕种；一年以上未动工建设的，应当按照省、自治区、直辖市的规定缴纳闲置费；连续二年未使用的，经原批准机关批准，由县级以上人民政府无偿收回用地单位的土地使用权；该幅土地原为农民集体所有的，应当交由原农村集体经济组织恢复耕种。 　　在城市规划区范围内，以出让方式取得土地使用权进行房地产开发的闲置土地，依照《中华人民共和国城市房地产管理法》的有关规定办理。 　　~~承包经营耕地的单位或者个人连续二年弃耕抛荒的，原发包单位应当终止承包合同，收回发包的耕地。~~	**第三十八条**　禁止任何单位和个人闲置、荒芜耕地。已经办理审批手续的非农业建设占用耕地，一年内不用而又可以耕种并收获的，应当由原耕种该幅耕地的集体或者个人恢复耕种，也可以由用地单位组织耕种；一年以上未动工建设的，应当按照省、自治区、直辖市的规定缴纳闲置费；连续二年未使用的，经原批准机关批准，由县级以上人民政府无偿收回用地单位的土地使用权；该幅土地原为农民集体所有的，应当交由原农村集体经济组织恢复耕种。 　　在城市规划区范围内，以出让方式取得土地使用权进行房地产开发的闲置土地，依照《中华人民共和国城市房地产管理法》的有关规定办理。
第三十八条　国家鼓励单位和个人按照土地利用总体规划，在保护和改善生态环境、防止水土流失和土地荒漠化的前提下，开发未利用的土地；适宜开发为农用地的，应当优先开发成农用地。	**第三十九条**　国家鼓励单位和个人按照土地利用总体规划，在保护和改善生态环境、防止水土流失和土地荒漠化的前提下，开发未利用的土地；适宜开发为农用地的，应当优先开发成农用地。

修正前（2004.8.28）	修正后（2019.8.26）
国家依法保护开发者的合法权益。	国家依法保护开发者的合法权益。
第三十九条 开垦未利用的土地，必须经过科学论证和评估，在土地利用总体规划划定的可开垦的区域内，经依法批准后进行。禁止毁坏森林、草原开垦耕地，禁止围湖造田和侵占江河滩地。 根据土地利用总体规划，对破坏生态环境开垦、围垦的土地，有计划有步骤地退耕还林、还牧、还湖。	第四十条 开垦未利用的土地，必须经过科学论证和评估，在土地利用总体规划划定的可开垦的区域内，经依法批准后进行。禁止毁坏森林、草原开垦耕地，禁止围湖造田和侵占江河滩地。 根据土地利用总体规划，对破坏生态环境开垦、围垦的土地，有计划有步骤地退耕还林、还牧、还湖。
第四十条 开发未确定使用权的国有荒山、荒地、荒滩从事种植业、林业、畜牧业、渔业生产的，经县级以上人民政府依法批准，可以确定给开发单位或者个人长期使用。	第四十一条 开发未确定使用权的国有荒山、荒地、荒滩从事种植业、林业、畜牧业、渔业生产的，经县级以上人民政府依法批准，可以确定给开发单位或者个人长期使用。
第四十一条 国家鼓励土地整理。县、乡（镇）人民政府应当组织农村集体经济组织，按照土地利用总体规划，对田、水、路、林、村综合整治，提高耕地质量，增加有效耕地面积，改善农业生产条件和生态环境。 地方各级人民政府应当采取措施，改造中、低产田，整治闲散地和废弃地。	第四十二条 国家鼓励土地整理。县、乡（镇）人民政府应当组织农村集体经济组织，按照土地利用总体规划，对田、水、路、林、村综合整治，提高耕地质量，增加有效耕地面积，改善农业生产条件和生态环境。 地方各级人民政府应当采取措施，改造中、低产田，整治闲散地和废弃地。

修正前（2004.8.28）	修正后（2019.8.26）
第四十二条　因挖损、塌陷、压占等造成土地破坏，用地单位和个人应当按照国家有关规定负责复垦；没有条件复垦或者复垦不符合要求的，应当缴纳土地复垦费，专项用于土地复垦。复垦的土地应当优先用于农业。	第四十三条　因挖损、塌陷、压占等造成土地破坏，用地单位和个人应当按照国家有关规定负责复垦；没有条件复垦或者复垦不符合要求的，应当缴纳土地复垦费，专项用于土地复垦。复垦的土地应当优先用于农业。
第五章　建设用地	第五章　建设用地
~~第四十三条　任何单位和个人进行建设，需要使用土地的，必须依法申请使用国有土地；但是，兴办乡镇企业和村民建设住宅经依法批准使用本集体经济组织农民集体所有的土地的，或者乡（镇）村公共设施和公益事业建设经依法批准使用农民集体所有的土地的除外。~~ ~~前款所称依法申请使用的国有土地包括国家所有的土地和国家征收的原属于农民集体所有的土地。~~	
第四十四条　建设占用土地，涉及农用地转为建设用地的，应当办理农用地转用审批手续。 ~~省、自治区、直辖市人民政府批准的道路、管线工程和大型基础设施建设项目、国务院批准的建设项目占用土地，涉及农用地转为建设用地的，由国务院批准。~~ 在土地利用总体规划确定的城市和村庄、集镇建设用地规模	第四十四条　建设占用土地，涉及农用地转为建设用地的，应当办理农用地转用审批手续。 **永久基本农田转为建设用地的，由国务院批准。** 在土地利用总体规划确定的城市和村庄、集镇建设用地规模范围内，为实施该规划而将**永久基本农田以外的**农用地转为建设用地的，按土地利用年度计划分批次**按照国务院规定**由原批准土

187

修正前（2004.8.28）	修正后（2019.8.26）
范围内，为实施该规划而将农用地转为建设用地的，按土地利用年度计划分批次由原批准土地利用总体规划的机关批准。在已批准的农用地转用范围内，具体建设项目用地可以由市、县人民政府批准。 本条第二款、第三款规定以外的建设项目占用土地，涉及农用地转为建设用地的，由省、自治区、直辖市人民政府批准。	地利用总体规划的机关**或者其授权的机关**批准。在已批准的农用地转用范围内，具体建设项目用地可以由市、县人民政府批准。 在土地利用总体规划确定的城市和村庄、集镇建设用地规模范围外，将永久基本农田以外的农用地转为建设用地的，由国务院或者国务院授权的省、自治区、直辖市人民政府批准。
	第四十五条　为了公共利益的需要，有下列情形之一，确需征收农民集体所有的土地的，可以依法实施征收： （一）军事和外交需要用地的； （二）由政府组织实施的能源、交通、水利、通信、邮政等基础设施建设需要用地的； （三）由政府组织实施的科技、教育、文化、卫生、体育、生态环境和资源保护、防灾减灾、文物保护、社区综合服务、社会福利、市政公用、优抚安置、英烈保护等公共事业需要用地的； （四）由政府组织实施的扶贫搬迁、保障性安居工程建设需要用地的； （五）在土地利用总体规划确定的城镇建设用地范围内，经省级以上人民政府批准由县级以上地方人民政府组织实施的成片开发建设需要用地的；

修正前（2004.8.28）	修正后（2019.8.26）
	（六）法律规定为公共利益需要可以征收农民集体所有的土地的其他情形。 前款规定的建设活动，应当符合国民经济和社会发展规划、土地利用总体规划、城乡规划和专项规划；第（四）项、第（五）项规定的建设活动，还应当纳入国民经济和社会发展年度计划；第（五）项规定的成片开发并应当符合国务院自然资源主管部门规定的标准。
第四十五条　征收下列土地的，由国务院批准： （一）基本农田； （二）基本农田以外的耕地超过三十五公顷的； （三）其他土地超过七十公顷。 征收前款规定以外的土地的，由省、自治区、直辖市人民政府批准，并报国务院备案。 征收农用地的，应当依照本法第四十四条的规定先行办理农用地转用审批。其中，经国务院批准农用地转用的，同时办理征地审批手续，不再另行办理征地审批；经省、自治区、直辖市人民政府在征地批准权限内批准农用地转用的，同时办理征地审批手续，不再另行办理征地审批，超过征地批准权限的，应当依照本条第一款的规定另行办理征地审批。	第四十六条　征收下列土地的，由国务院批准： （一）永久基本农田； （二）永久基本农田以外的耕地超过三十五公顷的； （三）其他土地超过七十公顷。 征收前款规定以外的土地的，由省、自治区、直辖市人民政府批准。 征收农用地的，应当依照本法第四十四条的规定先行办理农用地转用审批。其中，经国务院批准农用地转用的，同时办理征地审批手续，不再另行办理征地审批；经省、自治区、直辖市人民政府在征地批准权限内批准农用地转用的，同时办理征地审批手续，不再另行办理征地审批，超过征地批准权限的，应当依照本条第一款的规定另行办理征地审批。

修正前（2004.8.28）	修正后（2019.8.26）
第四十六条 国家征收土地的，依照法定程序批准后，由县级以上地方人民政府予以公告并组织实施。 被征收土地的所有权人、使用权人应当在公告规定期限内，持土地权属证书到当地人民政府土地行政主管部门办理征地补偿登记。 第四十八条 征地补偿安置方案确定后，有关地方人民政府应当公告，并听取被征地的农村集体经济组织和农民的意见。	第四十七条 国家征收土地的，依照法定程序批准后，由县级以上地方人民政府予以公告并组织实施。 县级以上地方人民政府拟申请征收土地的，应当开展拟征收土地现状调查和社会稳定风险评估，并将征收范围、土地现状、征收目的、补偿标准、安置方式和社会保障等在拟征收土地所在的乡（镇）和村、村民小组范围内公告至少三十日，听取被征地的农村集体经济组织及其成员、村民委员会和其他利害关系人的意见。 多数被征地的农村集体经济组织成员认为征地补偿安置方案不符合法律、法规规定的，县级以上地方人民政府应当组织召开听证会，并根据法律、法规的规定和听证会情况修改方案。 拟征收土地的所有权人、使用权人应当在公告规定期限内，持不动产权属证明材料办理补偿登记。县级以上地方人民政府应当组织有关部门测算并落实有关费用，保证足额到位，与拟征收土地的所有权人、使用权人就补偿、安置等签订协议；个别确实难以达成协议的，应当在申请征收土地时如实说明。 相关前期工作完成后，县级以上地方人民政府方可申请征收土地。

修正前（2004.8.28）	修正后（2019.8.26）
第四十七条 征收土地的，按照被征收土地的原用途给予补偿。 征收耕地的补偿费用包括土地补偿费、安置补助费以及地上附着物和青苗的补偿费。征收耕地的土地补偿费，为该耕地被征收前三年平均年产值的六至十倍。征收耕地的安置补助费，按照需要安置的农业人口数计算。需要安置的农业人口数，按照被征收的耕地数量除以征地前被征收单位平均每人占有耕地的数量计算。每一个需要安置的农业人口的安置补助费标准，为该耕地被征收前三年平均年产值的四至六倍。但是，每公顷被征收耕地的安置补助费，最高不得超过被征收前三年平均年产值的十五倍。 征收其他土地的土地补偿费和安置补助费标准，由省、自治区、直辖市参照征收耕地的土地补偿费和安置补助费的标准规定。 被征收土地上的附着物和青苗的补偿标准，由省、自治区、直辖市规定。 征收城市郊区的菜地，用地单位应当按照国家有关规定缴纳新菜地开发建设基金。 依照本条第二款的规定支付土地补偿费和安置补助费，尚不能使需要安置的农民保持原有生	第四十八条 征收土地应当给予公平、合理的补偿，保障被征地农民原有生活水平不降低、长远生计有保障。 征收土地应当依法及时足额支付土地补偿费、安置补助费以及农村村民住宅、其他地上附着物和青苗等的补偿费用，并安排被征地农民的社会保障费用。 征收农用地的土地补偿费、安置补助费标准由省、自治区、直辖市通过制定公布区片综合地价确定。制定区片综合地价应当综合考虑土地原用途、土地资源条件、土地产值、土地区位、土地供求关系、人口以及经济社会发展水平等因素，并至少每三年调整或者重新公布一次。 征收农用地以外的其他土地、地上附着物和青苗等的补偿标准，由省、自治区、直辖市制定。对其中的农村村民住宅，应当按照先补偿后搬迁、居住条件有改善的原则，尊重农村村民意愿，采取重新安排宅基地建房、提供安置房或者货币补偿等方式给予公平、合理的补偿，并对因征收造成的搬迁、临时安置等费用予以补偿，保障农村村民居住的权利和合法的住房财产权益。 县级以上地方人民政府应当将被征地农民纳入相应的养老等社

修正前（2004.8.28）	修正后（2019.8.26）
~~活水平的，经省、自治区、直辖市人民政府批准，可以增加安置补助费。但是，土地补偿费和安置补助费的总和不得超过土地被征收前三年平均年产值的三十倍。~~ ~~国务院根据社会、经济发展水平，在特殊情况下，可以提高征收耕地的土地补偿费和安置补助费的标准。~~	会保障体系。被征地农民的社会保障费用主要用于符合条件的被征地农民的养老保险等社会保险缴费补贴。被征地农民社会保障费用的筹集、管理和使用办法，由省、自治区、直辖市制定。
第四十九条 被征地的农村集体经济组织应当将征收土地的补偿费用的收支状况向本集体经济组织的成员公布，接受监督。 禁止侵占、挪用被征收土地单位的征地补偿费用和其他有关费用。	第四十九条 被征地的农村集体经济组织应当将征收土地的补偿费用的收支状况向本集体经济组织的成员公布，接受监督。 禁止侵占、挪用被征收土地单位的征地补偿费用和其他有关费用。
第五十条 地方各级人民政府应当支持被征地的农村集体经济组织和农民从事开发经营，兴办企业。	第五十条 地方各级人民政府应当支持被征地的农村集体经济组织和农民从事开发经营，兴办企业。
第五十一条 大中型水利、水电工程建设征收土地的补偿费标准和移民安置办法，由国务院另行规定。	第五十一条 大中型水利、水电工程建设征收土地的补偿费标准和移民安置办法，由国务院另行规定。
第五十二条 建设项目可行性研究论证时，**土地行政**主管部门可以根据土地利用总体规划、土地利用年度计划和建设用地标准，对建设用地有关事项进行审查，并提出意见。	第五十二条 建设项目可行性研究论证时，**自然资源**主管部门可以根据土地利用总体规划、土地利用年度计划和建设用地标准，对建设用地有关事项进行审查，并提出意见。

修正前（2004.8.28）	修正后（2019.8.26）
第五十三条 经批准的建设项目需要使用国有建设用地的，建设单位应当持法律、行政法规规定的有关文件，向有批准权的县级以上人民政府土地行政主管部门提出建设用地申请，经土地行政主管部门审查，报本级人民政府批准。	第五十三条 经批准的建设项目需要使用国有建设用地的，建设单位应当持法律、行政法规规定的有关文件，向有批准权的县级以上人民政府**自然资源**主管部门提出建设用地申请，经**自然资源**主管部门审查，报本级人民政府批准。
第五十四条 建设单位使用国有土地，应当以出让等有偿使用方式取得；但是，下列建设用地，经县级以上人民政府依法批准，可以以划拨方式取得： （一）国家机关用地和军事用地； （二）城市基础设施用地和公益事业用地； （三）国家重点扶持的能源、交通、水利等基础设施用地； （四）法律、行政法规规定的其他用地。	第五十四条 建设单位使用国有土地，应当以出让等有偿使用方式取得；但是，下列建设用地，经县级以上人民政府依法批准，可以以划拨方式取得： （一）国家机关用地和军事用地； （二）城市基础设施用地和公益事业用地； （三）国家重点扶持的能源、交通、水利等基础设施用地； （四）法律、行政法规规定的其他用地。
第五十五条 以出让等有偿使用方式取得国有土地使用权的建设单位，按照国务院规定的标准和办法，缴纳土地使用权出让金等土地有偿使用费和其他费用后，方可使用土地。 自本法施行之日起，新增建设用地的土地有偿使用费，百分之三十上缴中央财政，百分之七十留给有关地方人民政府，都专项用于耕地开发。	第五十五条 以出让等有偿使用方式取得国有土地使用权的建设单位，按照国务院规定的标准和办法，缴纳土地使用权出让金等土地有偿使用费和其他费用后，方可使用土地。 自本法施行之日起，新增建设用地的土地有偿使用费，百分之三十上缴中央财政，百分之七十留给有关地方人民政府。**具体使用管理办法由国务院财政部门会同有关部门制定，并报国务院批准。**

修正前（2004.8.28）	修正后（2019.8.26）
第五十六条　建设单位使用国有土地的，应当按照土地使用权出让等有偿使用合同的约定或者土地使用权划拨批准文件的规定使用土地；确需改变该幅土地建设用途的，应当经有关人民政府<u>土地行政</u>主管部门同意，报原批准用地的人民政府批准。其中，在城市规划区内改变土地用途的，在报批前，应当先经有关城市规划行政主管部门同意。	第五十六条　建设单位使用国有土地的，应当按照土地使用权出让等有偿使用合同的约定或者土地使用权划拨批准文件的规定使用土地；确需改变该幅土地建设用途的，应当经有关人民政府**自然资源**主管部门同意，报原批准用地的人民政府批准。其中，在城市规划区内改变土地用途的，在报批前，应当先经有关城市规划行政主管部门同意。
第五十七条　建设项目施工和地质勘查需要临时使用国有土地或者农民集体所有的土地的，由县级以上人民政府<u>土地行政</u>主管部门批准。其中，在城市规划区内的临时用地，在报批前，应当先经有关城市规划行政主管部门同意。土地使用者应当根据土地权属，与有关<u>土地行政</u>主管部门或者农村集体经济组织、村民委员会签订临时使用土地合同，并按照合同的约定支付临时使用土地补偿费。 临时使用土地的使用者应当按照临时使用土地合同约定的用途使用土地，并不得修建永久性建筑物。 临时使用土地期限一般不超过二年。	第五十七条　建设项目施工和地质勘查需要临时使用国有土地或者农民集体所有的土地的，由县级以上人民政府**自然资源**主管部门批准。其中，在城市规划区内的临时用地，在报批前，应当先经有关城市规划行政主管部门同意。土地使用者应当根据土地权属，与有关**自然资源**主管部门或者农村集体经济组织、村民委员会签订临时使用土地合同，并按照合同的约定支付临时使用土地补偿费。 临时使用土地的使用者应当按照临时使用土地合同约定的用途使用土地，并不得修建永久性建筑物。 临时使用土地期限一般不超过二年。

修正前（2004.8.28）	修正后（2019.8.26）
第五十八条　有下列情形之一的，由有关人民政府<u>土地行政</u>主管部门报经原批准用地的人民政府或者有批准权的人民政府批准，可以收回国有土地使用权： （一）为公共利益需要使用土地的； （二）为实施城市规划进行旧城区改建~~，需要调整~~使用土地的； （三）土地出让等有偿使用合同约定的使用期限届满，土地使用者未申请续期或者申请续期未获批准的； （四）因单位撤销、迁移等原因，停止使用原划拨的国有土地的； （五）公路、铁路、机场、矿场等经核准报废的。 依照前款第（一）项~~、第（二）~~项的规定收回国有土地使用权的，对土地使用权人应当给予适当补偿。	第五十八条　有下列情形之一的，由有关人民政府**自然资源**主管部门报经原批准用地的人民政府或者有批准权的人民政府批准，可以收回国有土地使用权： （一）为实施城市规划进行旧城区改建**以及其他**公共利益需要，**确需**使用土地的； （二）土地出让等有偿使用合同约定的使用期限届满，土地使用者未申请续期或者申请续期未获批准的； （三）因单位撤销、迁移等原因，停止使用原划拨的国有土地的； （四）公路、铁路、机场、矿场等经核准报废的。 依照前款第（一）项的规定收回国有土地使用权的，对土地使用权人应当给予适当补偿。
第五十九条　乡镇企业、乡（镇）村公共设施、公益事业、农村村民住宅等乡（镇）村建设，应当按照村庄和集镇规划，合理布局，综合开发，配套建设；建设用地，应当符合乡（镇）土地利用总体规划和土地利用年度计划，并依照本法第四十四条、第六十条、第六十一条、第六十二条的规定办理审批手续。	第五十九条　乡镇企业、乡（镇）村公共设施、公益事业、农村村民住宅等乡（镇）村建设，应当按照村庄和集镇规划，合理布局，综合开发，配套建设；建设用地，应当符合乡（镇）土地利用总体规划和土地利用年度计划，并依照本法第四十四条、第六十条、第六十一条、第六十二条的规定办理审批手续。

修正前（2004.8.28）	修正后（2019.8.26）
第六十条　农村集体经济组织使用乡（镇）土地利用总体规划确定的建设用地兴办企业或者与其他单位、个人以土地使用权入股、联营等形式共同举办企业的，应当持有关批准文件，向县级以上地方人民政府<u>土地行政</u>主管部门提出申请，按照省、自治区、直辖市规定的批准权限，由县级以上地方人民政府批准；其中，涉及占用农用地的，依照本法第四十四条的规定办理审批手续。 按照前款规定兴办企业的建设用地，必须严格控制。省、自治区、直辖市可以按照乡镇企业的不同行业和经营规模，分别规定用地标准。	第六十条　农村集体经济组织使用乡（镇）土地利用总体规划确定的建设用地兴办企业或者与其他单位、个人以土地使用权入股、联营等形式共同举办企业的，应当持有关批准文件，向县级以上地方人民政府**自然资源**主管部门提出申请，按照省、自治区、直辖市规定的批准权限，由县级以上地方人民政府批准；其中，涉及占用农用地的，依照本法第四十四条的规定办理审批手续。 按照前款规定兴办企业的建设用地，必须严格控制。省、自治区、直辖市可以按照乡镇企业的不同行业和经营规模，分别规定用地标准。
第六十一条　乡（镇）村公共设施、公益事业建设，需要使用土地的，经乡（镇）人民政府审核，向县级以上地方人民政府<u>土地行政</u>主管部门提出申请，按照省、自治区、直辖市规定的批准权限，由县级以上地方人民政府批准；其中，涉及占用农用地的，依照本法第四十四条的规定办理审批手续。	第六十一条　乡（镇）村公共设施、公益事业建设，需要使用土地的，经乡（镇）人民政府审核，向县级以上地方人民政府**自然资源**主管部门提出申请，按照省、自治区、直辖市规定的批准权限，由县级以上地方人民政府批准；其中，涉及占用农用地的，依照本法第四十四条的规定办理审批手续。

修正前（2004.8.28）	修正后（2019.8.26）
第六十二条　农村村民一户只能拥有一处宅基地，其宅基地的面积不得超过省、自治区、直辖市规定的标准。 农村村民建住宅，应当符合乡（镇）土地利用总体规划，并尽量使用原有的宅基地和村内空闲地。 农村村民住宅用地，经乡（镇）人民政府审核，由县级人民政府批准；其中，涉及占用农用地的，依照本法第四十四条的规定办理审批手续。 农村村民出卖、出租住房后，再申请宅基地的，不予批准。	第六十二条　农村村民一户只能拥有一处宅基地，其宅基地的面积不得超过省、自治区、直辖市规定的标准。 **人均土地少、不能保障一户拥有一处宅基地的地区，县级人民政府在充分尊重农村村民意愿的基础上，可以采取措施，按照省、自治区、直辖市规定的标准保障农村村民实现户有所居。** 农村村民建住宅，应当符合乡（镇）土地利用总体规划、**村庄规划，不得占用永久基本农田**，并尽量使用原有的宅基地和村内空闲地。**编制乡（镇）土地利用总体规划、村庄规划应当统筹并合理安排宅基地用地，改善农村村民居住环境和条件。** 农村村民住宅用地，由乡（镇）人民政府审核批准；其中，涉及占用农用地的，依照本法第四十四条的规定办理审批手续。 农村村民出卖、出租、**赠与**住宅后，再申请宅基地的，不予批准。 **国家允许进城落户的农村村民依法自愿有偿退出宅基地，鼓励农村集体经济组织及其成员盘活利用闲置宅基地和闲置住宅。** **国务院农业农村主管部门负责全国农村宅基地改革和管理有关工作。**

修正前（2004.8.28）	修正后（2019.8.26）
第六十三条 农民集体所有的土地的使用权不得出让、转让或者出租用于非农业建设；但是，符合土地利用总体规划并依法取得建设用地的企业，因破产、兼并等情形致使土地使用权依法发生转移的除外。	第六十三条 土地利用总体规划、城乡规划确定为工业、商业等经营性用途，并经依法登记的集体经营性建设用地，土地所有权人可以通过出让、出租等方式交由单位或者个人使用，并应当签订书面合同，载明土地界址、面积、动工期限、使用期限、土地用途、规划条件和双方其他权利义务。 前款规定的集体经营性建设用地出让、出租等，应当经本集体经济组织成员的村民会议三分之二以上成员或者三分之二以上村民代表的同意。 通过出让等方式取得的集体经营性建设用地使用权可以转让、互换、出资、赠与或者抵押，但法律、行政法规另有规定或者土地所有权人、土地使用权人签订的书面合同另有约定的除外。 集体经营性建设用地的出租，集体建设用地使用权的出让及其最高年限、转让、互换、出资、赠与、抵押等，参照同类用途的国有建设用地执行。具体办法由国务院制定。
	第六十四条 集体建设用地的使用者应当严格按照土地利用总体规划、城乡规划确定的用途使用土地。

修正前（2004.8.28）	修正后（2019.8.26）
第六十四条 在土地利用总体规划制定前已建的不符合土地利用总体规划确定的用途的建筑物、构筑物，不得重建、扩建。	第六十五条 在土地利用总体规划制定前已建的不符合土地利用总体规划确定的用途的建筑物、构筑物，不得重建、扩建。
第六十五条 有下列情形之一的，农村集体经济组织报经原批准用地的人民政府批准，可以收回土地使用权： （一）为乡（镇）村公共设施和公益事业建设，需要使用土地的； （二）不按照批准的用途使用土地的； （三）因撤销、迁移等原因而停止使用土地的。 依照前款第（一）项规定收回农民集体所有的土地的，对土地使用权人应当给予适当补偿。	第六十六条 有下列情形之一的，农村集体经济组织报经原批准用地的人民政府批准，可以收回土地使用权： （一）为乡（镇）村公共设施和公益事业建设，需要使用土地的； （二）不按照批准的用途使用土地的； （三）因撤销、迁移等原因而停止使用土地的。 依照前款第（一）项规定收回农民集体所有的土地的，对土地使用权人应当给予适当补偿。 **收回集体经营性建设用地使用权，依照双方签订的书面合同办理，法律、行政法规另有规定的除外。**
第六章 监督检查	第六章 监督检查
第六十六条 县级以上人民政府<u>土地行政</u>主管部门对违反土地管理法律、法规的行为进行监督检查。 土地管理监督检查人员应当熟悉土地管理法律、法规，忠于职守、秉公执法。	第六十七条 县级以上人民政府**自然资源**主管部门对违反土地管理法律、法规的行为进行监督检查。 **县级以上人民政府农业农村主管部门对违反农村宅基地管理法律、法规的行为进行监督检查的，适用本法关于自然资源主管部门监督检查的规定。**

修正前（2004.8.28）	修正后（2019.8.26）
	土地管理监督检查人员应当熟悉土地管理法律、法规，忠于职守、秉公执法。
第六十七条　县级以上人民政府**土地行政**主管部门履行监督检查职责时，有权采取下列措施： （一）要求被检查的单位或者个人提供有关土地权利的文件和资料，进行查阅或者予以复制； （二）要求被检查的单位或者个人就有关土地权利的问题作出说明； （三）进入被检查单位或者个人非法占用的土地现场进行勘测； （四）责令非法占用土地的单位或者个人停止违反土地管理法律、法规的行为。	第六十八条　县级以上人民政府**自然资源**主管部门履行监督检查职责时，有权采取下列措施： （一）要求被检查的单位或者个人提供有关土地权利的文件和资料，进行查阅或者予以复制； （二）要求被检查的单位或者个人就有关土地权利的问题作出说明； （三）进入被检查单位或者个人非法占用的土地现场进行勘测； （四）责令非法占用土地的单位或者个人停止违反土地管理法律、法规的行为。
第六十八条　土地管理监督检查人员履行职责，需要进入现场进行勘测、要求有关单位或者个人提供文件、资料和作出说明的，应当出示土地管理监督检查证件。	第六十九条　土地管理监督检查人员履行职责，需要进入现场进行勘测、要求有关单位或者个人提供文件、资料和作出说明的，应当出示土地管理监督检查证件。
第六十九条　有关单位和个人对县级以上人民政府**土地行政**主管部门就土地违法行为进行的监督检查应当支持与配合，并提供工作方便，不得拒绝与阻碍土地管理监督检查人员依法执行职务。	第七十条　有关单位和个人对县级以上人民政府**自然资源**主管部门就土地违法行为进行的监督检查应当支持与配合，并提供工作方便，不得拒绝与阻碍土地管理监督检查人员依法执行职务。
第七十条　县级以上人民政府**土地行政**主管部门在监督检查工作中发现国家工作人员的违法行	第七十一条　县级以上人民政府**自然资源**主管部门在监督检查工作中发现国家工作人员的违法

修正前（2004.8.28）	修正后（2019.8.26）
为，依法应当给予~~行政~~处分的，应当依法予以处理；自己无权处理的，~~应当向同级或者上级人民政府的行政监察机关提出行政处分建议书，有关行政监察机关应当依法予以~~处理。	行为，依法应当给予处分的，应当依法予以处理；自己无权处理的，应当**依法移送监察机关或者有关机关**处理。
第七十一条　县级以上人民政府**土地行政**主管部门在监督检查工作中发现土地违法行为构成犯罪的，应当将案件移送有关机关，依法追究刑事责任；尚不构成犯罪的，应当依法给予行政处罚。	第七十二条　县级以上人民政府**自然资源**主管部门在监督检查工作中发现土地违法行为构成犯罪的，应当将案件移送有关机关，依法追究刑事责任；尚不构成犯罪的，应当依法给予行政处罚。
第七十二条　依照本法规定应当给予行政处罚，而有关**土地行政**主管部门不给予行政处罚的，上级人民政府**土地行政**主管部门有权责令有关**土地行政**主管部门作出行政处罚决定或者直接给予行政处罚，并给予有关**土地行政**主管部门的负责人~~行政~~处分。	第七十三条　依照本法规定应当给予行政处罚，而有关**自然资源**主管部门不给予行政处罚的，上级人民政府**自然资源**主管部门有权责令有关**自然资源**主管部门作出行政处罚决定或者直接给予行政处罚，并给予有关**自然资源**主管部门的负责人处分。
第七章　法律责任	第七章　法律责任
第七十三条　买卖或者以其他形式非法转让土地的，由县级以上人民政府**土地行政**主管部门没收违法所得；对违反土地利用总体规划擅自将农用地改为建设用地的，限期拆除在非法转让的土地上新建的建筑物和其他设施，恢复土地原状，对符合土地利用总体规划的，没收在非法转让的土地上新建的建筑物和其他设施；可以并处罚	第七十四条　买卖或者以其他形式非法转让土地的，由县级以上人民政府**自然资源**主管部门没收违法所得；对违反土地利用总体规划擅自将农用地改为建设用地的，限期拆除在非法转让的土地上新建的建筑物和其他设施，恢复土地原状，对符合土地利用总体规划的，没收在非法转让的土地上新建的建筑物和其他设施；

修正前（2004.8.28）	修正后（2019.8.26）
款；对直接负责的主管人员和其他直接责任人员，依法给予~~行政~~处分；构成犯罪的，依法追究刑事责任。	可以并处罚款；对直接负责的主管人员和其他直接责任人员，依法给予处分；构成犯罪的，依法追究刑事责任。
第七十四条 违反本法规定，占用耕地建窑、建坟或者擅自在耕地上建房、挖砂、采石、采矿、取土等，破坏种植条件的，或者因开发土地造成土地荒漠化、盐渍化的，由县级以上人民政府<u>土地行政</u>主管部门责令限期改正或者治理，可以并处罚款；构成犯罪的，依法追究刑事责任。	第七十五条 违反本法规定，占用耕地建窑、建坟或者擅自在耕地上建房、挖砂、采石、采矿、取土等，破坏种植条件的，或者因开发土地造成土地荒漠化、盐渍化的，由县级以上人民政府**自然资源**主管部门、**农业农村主管部门等按照职责**责令限期改正或者治理，可以并处罚款；构成犯罪的，依法追究刑事责任。
第七十五条 违反本法规定，拒不履行土地复垦义务的，由县级以上人民政府<u>土地行政</u>主管部门责令限期改正；逾期不改正的，责令缴纳复垦费，专项用于土地复垦，可以处以罚款。	第七十六条 违反本法规定，拒不履行土地复垦义务的，由县级以上人民政府**自然资源**主管部门责令限期改正；逾期不改正的，责令缴纳复垦费，专项用于土地复垦，可以处以罚款。
第七十六条 未经批准或者采取欺骗手段骗取批准，非法占用土地的，由县级以上人民政府<u>土地行政</u>主管部门责令退还非法占用的土地，对违反土地利用总体规划擅自将农用地改为建设用地的，限期拆除在非法占用的土地上新建的建筑物和其他设施，恢复土地原状，对符合土地利用总体规划的，没收在非法占用的土地上新建的建筑物和其他设施，	第七十七条 未经批准或者采取欺骗手段骗取批准，非法占用土地的，由县级以上人民政府**自然资源**主管部门责令退还非法占用的土地，对违反土地利用总体规划擅自将农用地改为建设用地的，限期拆除在非法占用的土地上新建的建筑物和其他设施，恢复土地原状，对符合土地利用总体规划的，没收在非法占用的土地上新建的建筑物和其他设施，

修正前（2004.8.28）	修正后（2019.8.26）
可以并处罚款；对非法占用土地单位的直接负责的主管人员和其他直接责任人员，依法给予~~行政~~处分；构成犯罪，依法追究刑事责任。 超过批准的数量占用土地，多占的土地以非法占用土地论处。	可以并处罚款；对非法占用土地单位的直接负责的主管人员和其他直接责任人员，依法给予处分；构成犯罪的，依法追究刑事责任。 超过批准的数量占用土地，多占的土地以非法占用土地论处。
第七十七条　农村村民未经批准或者采取欺骗手段骗取批准，非法占用土地建住宅的，由县级以上人民政府**土地行政**主管部门责令退还非法占用的土地，限期拆除在非法占用的土地上新建的房屋。 超过省、自治区、直辖市规定的标准，多占的土地以非法占用土地论处。	第七十八条　农村村民未经批准或者采取欺骗手段骗取批准，非法占用土地建住宅的，由县级以上人民政府**农业农村**主管部门责令退还非法占用的土地，限期拆除在非法占用的土地上新建的房屋。 超过省、自治区、直辖市规定的标准，多占的土地以非法占用土地论处。
第七十八条　无权批准征收、使用土地的单位或者个人非法批准占用土地的，超越批准权限非法批准占用土地的，不按照土地利用总体规划确定的用途批准用地的，或者违反法律规定的程序批准占用、征收土地的，其批准文件无效，对非法批准征收、使用土地的直接负责的主管人员和其他直接责任人员，依法给予~~行政~~处分；构成犯罪的，依法追究刑事责任。非法批准、使用的土地应当收回，有关当事人拒不归还的，以非法占用土地论处。	第七十九条　无权批准征收、使用土地的单位或者个人非法批准占用土地的，超越批准权限非法批准占用土地的，不按照土地利用总体规划确定的用途批准用地的，或者违反法律规定的程序批准占用、征收土地的，其批准文件无效，对非法批准征收、使用土地的直接负责的主管人员和其他直接责任人员，依法给予处分；构成犯罪的，依法追究刑事责任。非法批准、使用的土地应当收回，有关当事人拒不归还的，以非法占用土地论处。

修正前（2004.8.28）	修正后（2019.8.26）
非法批准征收、使用土地，对当事人造成损失的，依法应当承担赔偿责任。	非法批准征收、使用土地，对当事人造成损失的，依法应当承担赔偿责任。
第七十九条 侵占、挪用被征收土地单位的征地补偿费用和其他有关费用，构成犯罪的，依法追究刑事责任；尚不构成犯罪的，依法给予~~行政~~处分。	第八十条 侵占、挪用被征收土地单位的征地补偿费用和其他有关费用，构成犯罪的，依法追究刑事责任；尚不构成犯罪的，依法给予处分。
第八十条 依法收回国有土地使用权当事人拒不交出土地的，临时使用土地期满拒不归还的，或者不按照批准的用途使用国有土地的，由县级以上人民政府<u>土地行政</u>主管部门责令交还土地，处以罚款。	第八十一条 依法收回国有土地使用权当事人拒不交出土地的，临时使用土地期满拒不归还的，或者不按照批准的用途使用国有土地的，由县级以上人民政府**自然资源**主管部门责令交还土地，处以罚款。
第八十一条 擅自将农民集体所有的土地~~使用权~~出让、转让或者出租用于非农业建设的，由县级以上人民政府<u>土地行政</u>主管部门责令限期改正，没收违法所得，并处罚款。	第八十二条 擅自将农民集体所有的土地**通过**出让、转让**使用权**或者出租**等方式**用于非农业建设，**或者违反本法规定，将集体经营性建设用地通过出让、出租等方式交由单位或者个人使用**的，由县级以上人民政府**自然资源**主管部门责令限期改正，没收违法所得，并处罚款。
第八十二条 ~~不依照本法规定办理土地变更登记的，由县级以上人民政府土地行政主管部门责令其限期办理。~~	
第八十三条 依照本法规定，责令限期拆除在非法占用的土地上新建的建筑物和其他设施的，建	第八十三条 依照本法规定，责令限期拆除在非法占用的土地上新建的建筑物和其他设施的，建

204

修正前（2004.8.28）	修正后（2019.8.26）
设单位或者个人必须立即停止施工，自行拆除；对继续施工的，作出处罚决定的机关有权制止。建设单位或者个人对责令限期拆除的行政处罚决定不服的，可以在接到责令限期拆除决定之日起十五日内，向人民法院起诉；期满不起诉又不自行拆除的，由作出处罚决定的机关依法申请人民法院强制执行，费用由违法者承担。	设单位或者个人必须立即停止施工，自行拆除；对继续施工的，作出处罚决定的机关有权制止。建设单位或者个人对责令限期拆除的行政处罚决定不服的，可以在接到责令限期拆除决定之日起十五日内，向人民法院起诉；期满不起诉又不自行拆除的，由作出处罚决定的机关依法申请人民法院强制执行，费用由违法者承担。
第八十四条 <u>土地行政</u>主管部门的工作人员玩忽职守、滥用职权、徇私舞弊，构成犯罪的，依法追究刑事责任；尚不构成犯罪的，依法给予<s>行政</s>处分。	第八十四条 <u>自然资源</u>主管部门、<u>农业农村</u>主管部门的工作人员玩忽职守、滥用职权、徇私舞弊，构成犯罪的，依法追究刑事责任；尚不构成犯罪的，依法给予处分。
第八章 附 则	第八章 附 则
第八十五条 <u>中外合资经营企业、中外合作经营企业、外资企业</u>使用土地的，适用本法；法律另有规定的，从其规定。	第八十五条 <u>外商投资</u>企业使用土地的，适用本法；法律另有规定的，从其规定。
	第八十六条 在根据本法第十八条的规定编制国土空间规划前，经依法批准的土地利用总体规划和城乡规划继续执行。
第八十六条 本法自 1999 年 1 月 1 日起施行。	第八十七条 本法自 1999 年 1 月 1 日起施行。

4.《中华人民共和国土地管理法实施条例》修改条文前后对照表

（左栏删除线部分为删除的内容，下划线为修改的内容，右栏黑体字部分为新增、修改内容。仅供参考。）

修订前（2014.7.29）	修订后（2021.7.2）
目　　录 第一章　总　　则 ~~第二章　土地的所有权和使用权~~ 第<u>三</u>章　<u>土地利用总体规划</u> 第<u>四</u>章　耕地保护 第<u>五</u>章　建设用地 第<u>六</u>章　监督检查 第<u>七</u>章　法律责任 第<u>八</u>章　附　　则	目　　录 第一章　总　　则 **第二章　国土空间规划** 第三章　耕地保护 第四章　建设用地 　**第一节　一般规定** 　**第二节　农用地转用** 　**第三节　土地征收** 　**第四节　宅基地管理** 　**第五节　集体经营性建设用地管理** 第五章　监督检查 第六章　法律责任 第七章　附　　则
第一章　总　　则	第一章　总　　则
第一条　根据《中华人民共和国土地管理法》（以下简称《土地管理法》），制定本条例。	**第一条**　根据《中华人民共和国土地管理法》（以下简称《土地管理法》），制定本条例。
~~第二章　土地的所有权和使用权~~	
~~**第二条**　下列土地属于全民所有即国家所有：~~ 　~~（一）城市市区的土地；~~ 　~~（二）农村和城市郊区中已经~~	

修订前（2014.7.29）	修订后（2021.7.2）
依法没收、征收、征购为国有的土地； （三）国家依法征收的土地； （四）依法不属于集体所有的林地、草地、荒地、滩涂及其他土地； （五）农村集体经济组织全部成员转为城镇居民的，原属于其成员集体所有的土地； （六）因国家组织移民、自然灾害等原因，农民成建制地集体迁移后不再使用的原属于迁移农民集体所有的土地。	
第三条 国家依法实行土地登记发证制度。依法登记的土地所有权和土地使用权受法律保护，任何单位和个人不得侵犯。 土地登记内容和土地权属证书式样由国务院土地行政主管部门统一规定。 土地登记资料可以公开查询。 确认林地、草原的所有权或者使用权，确认水面、滩涂的养殖使用权，分别依照《森林法》、《草原法》和《渔业法》的有关规定办理。	
第四条 农民集体所有的土地，由土地所有者向土地所在地的县级人民政府土地行政主管部门提出土地登记申请，由县级人民政府登记造册，核发集体土地所有权证书，确认所有权。	

修订前（2014.7.29）	修订后（2021.7.2）
农民集体所有的土地依法用于非农业建设的，由土地使用者向土地所在地的县级人民政府土地行政主管部门提出土地登记申请，由县级人民政府登记造册，核发集体土地使用权证书，确认建设用地使用权。 设区的市人民政府可以对市辖区内农民集体所有的土地实行统一登记。	
第五条 单位和个人依法使用的国有土地，由土地使用者向土地所在地的县级以上人民政府土地行政主管部门提出土地登记申请，由县级以上人民政府登记造册，核发国有土地使用权证书，确认使用权。其中，中央国家机关使用的国有土地的登记发证，由国务院土地行政主管部门负责，具体登记发证办法由国务院土地行政主管部门会同国务院机关事务管理局等有关部门制定。 未确定使用权的国有土地，由县级以上人民政府登记造册，负责保护管理。	
第六条 依法改变土地所有权、使用权的，因依法转让地上建筑物、构筑物等附着物导致土地使用权转移的，必须向土地所在地的县级以上人民政府土地行政主管部门提出土地变更登记申请，由原土地登记机关依法进行土地所有权、使用权变更登记。土地所有权、使用权的变更，自变更登记之日起生效。	

修订前（2014.7.29）	修订后（2021.7.2）
依法改变土地用途的，必须持批准文件，向土地所在地的县级以上人民政府土地行政主管部门提出土地变更登记申请，由原土地登记机关依法进行变更登记。 **第七条** 依照《土地管理法》的有关规定，收回用地单位的土地使用权的，由原土地登记机关注销土地登记。 土地使用权有偿使用合同约定的使用期限届满，土地使用者未申请续期或者虽申请续期未获批准的，由原土地登记机关注销土地登记。	
第三章 土地利用总体规划	**第二章 国土空间规划**
	第二条 国家建立国土空间规划体系。 　　土地开发、保护、建设活动应当坚持规划先行。经依法批准的国土空间规划是各类开发、保护、建设活动的基本依据。 　　已经编制国土空间规划的，不再编制土地利用总体规划和城乡规划。在编制国土空间规划前，经依法批准的土地利用总体规划和城乡规划继续执行。
	第三条 国土空间规划应当细化落实国家发展规划提出的国土空间开发保护要求，统筹布局农业、生态、城镇等功能空间，划定落实永久基本农田、生态保护红线和城镇开发边界。

修订前（2014.7.29）	修订后（2021.7.2）
	国土空间规划应当包括国土空间开发保护格局和规划用地布局、结构、用途管制要求等内容，明确耕地保有量、建设用地规模、禁止开垦的范围等要求，统筹基础设施和公共设施用地布局，综合利用地上地下空间，合理确定并严格控制新增建设用地规模，提高土地节约集约利用水平，保障土地的可持续利用。
~~第六条 全国土地利用总体规划，由国务院土地行政主管部门会同国务院有关部门编制，报国务院批准。~~ ~~省、自治区、直辖市的土地利用总体规划，由省、自治区、直辖市人民政府组织本级土地行政主管部门和其他有关部门编制，报国务院批准。~~ ~~省、自治区人民政府所在地的市、人口在100万以上的城市以及国务院指定的城市的土地利用总体规划，由该市人民政府组织本级土地行政主管部门和其他有关部门编制，经省、自治区人民政府审查同意后，报国务院批准。~~ ~~本条第一款、第二款、第三款规定以外的土地利用总体规划，由有关人民政府组织本级土地行政主管部门和其他有关部门编制，逐级上报省、自治区、直辖市人民政府~~	

修订前（2014.7.29）	修订后（2021.7.2）
批准；其中，乡（镇）土地利用总体规划，由乡（镇）人民政府编制，逐级上报省、自治区、直辖市人民政府或者省、自治区、直辖市人民政府授权的设区的市、自治州人民政府批准。	
第九条 土地利用总体规划的规划期限一般为15年。	
第十条 依照《土地管理法》规定，土地利用总体规划应当将土地划分为农用地、建设用地和未利用地。 县级和乡（镇）土地利用总体规划应当根据需要，划定基本农田保护区、土地开垦区、建设用地区和禁止开垦区等；其中，乡（镇）土地利用总体规划还应当根据土地使用条件，确定每一块土地的用途。 土地分类和划定土地利用区的具体办法，由国务院土地行政主管部门会同国务院有关部门制定。	
第十一条 乡（镇）土地利用总体规划经依法批准后，乡（镇）人民政府应当在本行政区域内予以公告。 公告应当包括下列内容： （一）规划目标； （二）规划期限； （三）规划范围； （四）地块用途； （五）批准机关和批准日期。	

211

修订前（2014.7.29）	修订后（2021.7.2）
第十二条 依照《土地管理法》第二十六条第二款、第三款规定修改土地利用总体规划的，由原编制机关根据国务院或者省、自治区、直辖市人民政府的批准文件修改。修改后的土地利用总体规划应当报原批准机关批准。 上一级土地利用总体规划修改后，涉及修改下一级土地利用总体规划的，由上一级人民政府通知下一级人民政府作出相应修改，并报原批准机关备案。	
第十三条 各级人民政府应当加强土地利用年度计划管理，实行建设用地总量控制。土地利用年度计划一经批准下达，必须严格执行。 土地利用年度计划应当包括下列内容： （一）农用地转用计划指标； （二）耕地保有量计划指标； （三）土地开发整理计划指标。	
第十四条 县级以上人民政府土地行政主管部门应当会同同级有关部门进行土地调查。 土地调查应当包括下列内容： （一）土地权属； （二）土地利用现状； （三）土地条件。 地方土地利用现状调查结果，经本级人民政府审核，报上一级人民政府批准后，应当向社会公布；	**第四条** 土地调查应当包括下列内容： （一）土地权属以及变化情况； （二）土地利用现状以及变化情况； （三）土地条件。 全国土地调查成果，报国务院批准后向社会公布。地方土地调查成果，经本级人民政府审核，报上一级人民政府批准后向社会公布。

修订前（2014.7.29）	修订后（2021.7.2）
全国土地利用现状调查结果，报国务院批准后，应当向社会公布。土地调查规程，由国务院土地行政主管部门会同国务院有关部门制定。	全国土地调查成果公布后，县级以上地方人民政府方可自上而下逐级依次公布本行政区域的土地调查成果。 　　土地调查成果是编制国土空间规划以及自然资源管理、保护和利用的重要依据。 　　土地调查技术规程由国务院自然资源主管部门会同有关部门制定。
第十五条　国务院土地行政主管部门会同国务院有关部门制定土地等级评定标准。 　　县级以上人民政府土地行政主管部门应当会同同级有关部门根据土地等级评定标准，对土地等级进行评定。地方土地等级评定结果，经本级人民政府审核，报上一级人民政府土地行政主管部门批准后，应当向社会公布。 　　根据国民经济和社会发展状况，土地等级每6年调整1次。	第五条　国务院自然资源主管部门会同有关部门制定土地等级评定标准。 　　县级以上人民政府自然资源主管部门应当会同有关部门根据土地等级评定标准，对土地等级进行评定。地方土地等级评定结果经本级人民政府审核，报上一级人民政府自然资源主管部门批准后向社会公布。 　　根据国民经济和社会发展状况，土地等级每五年重新评定一次。
	第六条　县级以上人民政府自然资源主管部门应当加强信息化建设，建立统一的国土空间基础信息平台，实行土地管理全流程信息化管理，对土地利用状况进行动态监测，与发展改革、住房和城乡建设等有关部门建立土地管理信息共享机制，依法公开土地管理信息。

213

修订前（2014.7.29）	修订后（2021.7.2）
	第七条　县级以上人民政府自然资源主管部门应当加强地籍管理，建立健全地籍数据库。
第四章　耕地保护	**第三章　耕地保护**
第十六条　在<u>土地利用总体规</u>划确定的城市和村庄、集镇建设用地范围内~~，为实施城市规划和村庄、集镇规划~~占用耕地，以及在<u>土地利用总体规划确定的城市建设用</u>地范围外的能源、交通、水利、矿山、军事设施等建设项目占用耕地的，分别由~~市、~~县人民政府、农村集体经济组织和建设单位<u>依照《土地管理法》第三十一条的规定</u>负责开垦耕地；没有条件开垦或者开垦的耕地不符合要求的，应当按照省、自治区、直辖市的规定缴纳耕地开垦费。	第八条　国家实行占用耕地补偿制度。在国土空间规划确定的城市和村庄、集镇建设用地范围内**经依法批准**占用耕地，以及在**国土空间规划**确定的城市**和村庄、集镇**建设用地范围外的能源、交通、水利、矿山、军事设施等建设项目**经依法批准**占用耕地的，分别由县级人民政府、农村集体经济组织和建设单位负责开垦**与所占用耕地的数量和质量相当的**耕地；没有条件开垦或者开垦的耕地不符合要求的，应当按照省、自治区、直辖市的规定缴纳耕地开垦费，**专款用于开垦新的耕地**。 省、自治区、直辖市人民政府应当组织自然资源主管部门、农业农村主管部门对开垦的耕地进行验收，确保开垦的耕地落实到地块。划入永久基本农田的还应当纳入国家永久基本农田数据库严格管理。占用耕地补充情况应当按照国家有关规定向社会公布。 个别省、直辖市需要易地开垦耕地的，依照《土地管理法》第三十二条的规定执行。

修订前（2014.7.29）	修订后（2021.7.2）
第十七条 禁止单位和个人在土地利用总体规划确定的禁止开垦区内从事土地开发活动。 在土地利用总体规划确定的土地开垦区内，开发未确定土地使用权的国有荒山、荒地、荒滩从事种植业、林业、畜牧业、渔业生产的，应当向土地所在地的县级以上地方人民政府土地行政主管部门提出申请，按照省、自治区、直辖市规定的权限，由县级以上地方人民政府批准。 开发未确定土地使用权的国有荒山、荒地、荒滩从事种植业、林业、畜牧业或者渔业生产的，经县级以上地方人民政府依法批准，可以确定给开发单位或者个人长期使用，使用期限最长不得超过50年。	**第九条** 禁止任何单位和个人在国土空间规划确定的禁止开垦的范围内从事土地开发活动。 按照国土空间规划，开发未确定土地使用权的国有荒山、荒地、荒滩从事种植业、林业、畜牧业、渔业生产的，应当向土地所在地的县级以上地方人民政府**自然资源**主管部门提出申请，按照省、自治区、直辖市规定的权限，由县级以上地方人民政府批准。
第十八条 县、乡（镇）人民政府应当按照土地利用总体规划，组织农村集体经济组织制定土地整理方案，并组织实施。 地方各级人民政府应当采取措施，按照土地利用总体规划推进土地整理。土地整理新增耕地面积的60%可以用作折抵建设占用耕地的补偿指标。 土地整理所需费用，按照谁受益谁负担的原则，由农村集体经济组织和土地使用者共同承担。	**第十条** 县级人民政府应当按照国土空间规划关于统筹布局农业、生态、城镇等功能空间的要求，制定土地整理方案，促进耕地保护和土地节约集约利用。 县、乡（镇）人民政府应当组织农村集体经济组织，**实施土地整理方案**，对闲散地和废弃地有计划地整治、改造。土地整理新增耕地，可以用作建设所占用耕地的补充。 **鼓励社会主体依法参与土地整理。**

215

修订前（2014.7.29）	修订后（2021.7.2）
	第十一条　县级以上地方人民政府应当采取措施，预防和治理耕地土壤流失、污染，有计划地改造中低产田，建设高标准农田，提高耕地质量，保护黑土地等优质耕地，并依法对建设所占用耕地耕作层的土壤利用作出合理安排。 非农业建设依法占用永久基本农田的，建设单位应当按照省、自治区、直辖市的规定，将所占用耕地耕作层的土壤用于新开垦耕地、劣质地或者其他耕地的土壤改良。 县级以上地方人民政府应当加强对农业结构调整的引导和管理，防止破坏耕地耕作层；设施农业用地不再使用的，应当及时组织恢复种植条件。
	第十二条　国家对耕地实行特殊保护，严守耕地保护红线，严格控制耕地转为林地、草地、园地等其他农用地，并建立耕地保护补偿制度，具体办法和耕地保护补偿实施步骤由国务院自然资源主管部门会同有关部门规定。 非农业建设必须节约使用土地，可以利用荒地的，不得占用耕地；可以利用劣地的，不得占用好地。禁止占用耕地建窑、建坟或者擅自在耕地上建房、挖砂、采石、采矿、取土等。禁止占用永久基本农田发展林果业和挖塘养鱼。

修订前（2014.7.29）	修订后（2021.7.2）
	耕地应当优先用于粮食和棉、油、糖、蔬菜等农产品生产。按照国家有关规定需要将耕地转为林地、草地、园地等其他农用地的，应当优先使用难以长期稳定利用的耕地。
	第十三条 省、自治区、直辖市人民政府对本行政区域耕地保护负总责，其主要负责人是本行政区域耕地保护的第一责任人。 省、自治区、直辖市人民政府应当将国务院确定的耕地保有量和永久基本农田保护任务分解下达，落实到具体地块。 国务院对省、自治区、直辖市人民政府耕地保护责任目标落实情况进行考核。
第五章 建设用地	第四章 建设用地
	第一节 一般规定
	第十四条 建设项目需要使用土地的，应当符合国土空间规划、土地利用年度计划和用途管制以及节约资源、保护生态环境的要求，并严格执行建设用地标准，优先使用存量建设用地，提高建设用地使用效率。 从事土地开发利用活动，应当采取有效措施，防止、减少土壤污染，并确保建设用地符合土壤环境质量要求。

修订前（2014.7.29）	修订后（2021.7.2）
	第十五条　各级人民政府应当依据国民经济和社会发展规划及年度计划、国土空间规划、国家产业政策以及城乡建设、土地利用的实际状况等，加强土地利用计划管理，实行建设用地总量控制，推动城乡存量建设用地开发利用，引导城镇低效用地再开发，落实建设用地标准控制制度，开展节约集约用地评价，推广应用节地技术和节地模式。
	第十六条　县级以上地方人民政府自然资源主管部门应当将本级人民政府确定的年度建设用地供应总量、结构、时序、地块、用途等在政府网站上向社会公布，供社会公众查阅。
第二十九条　国有土地有偿使用的方式包括： （一）国有土地使用权出让； （二）国有土地租赁； （三）国有土地使用权作价出资或者入股。	第十七条　建设单位使用国有土地，应当以有偿使用方式取得；但是，法律、行政法规规定可以划拨方式取得的除外。 国有土地有偿使用的方式包括： （一）国有土地使用权出让； （二）国有土地租赁； （三）国有土地使用权作价出资或者入股。
	第十八条　国有土地使用权出让、国有土地租赁等应当依照国家有关规定通过公开的交易平台进行交易，并纳入统一的公共资源交易平台体系。除依法可以采取协议方式外，应当采取招标、拍卖、挂牌等竞争性方式确定土地使用者。

修订前（2014.7.29）	修订后（2021.7.2）
第三十条 《土地管理法》第五十五条规定的新增建设用地的土地有偿使用费，是指国家在新增建设用地中应取得的平均土地纯收益。	第十九条 《土地管理法》第五十五条规定的新增建设用地的土地有偿使用费，是指国家在新增建设用地中应取得的平均土地纯收益。
第二十八条 建设项目施工和地质勘查需要临时占用耕地的，土地使用者应当自临时用地期满之日起1年内恢复种植条件。	第二十条 建设项目施工、地质勘查需要临时使用土地的，应当尽量不占或者少占耕地。 临时用地由县级以上人民政府自然资源主管部门批准，期限一般不超过二年；建设周期较长的能源、交通、水利等基础设施建设使用的临时用地，期限不超过四年；法律、行政法规另有规定的除外。 土地使用者应当自临时用地期满之日起一年内完成土地复垦，使其达到可供利用状态，其中占用耕地的应当恢复种植条件。
第二十七条 抢险救灾等急需使用土地的，可以先行使用土地。其中，属于临时用地的，灾后应恢复原状并交还原土地使用者使用，不再办理用地审批手续；属于永久性建设用地的，建设单位应当在灾情结束后6个月内申请补办建设用地审批手续。	第二十一条 抢险救灾、疫情防控等急需使用土地的，可以先行使用土地。其中，属于临时用地的，用后应当恢复原状并交还原土地使用者使用，不再办理用地审批手续；属于永久性建设用地的，建设单位应当在不晚于应急处置工作结束六个月内申请补办建设用地审批手续。
	第二十二条 具有重要生态功能的未利用地应当依法划入生态保护红线，实施严格保护。 建设项目占用国土空间规划确定的未利用地的，按照省、自治区、直辖市的规定办理。

修订前（2014.7.29）	修订后（2021.7.2）
	第二节　农用地转用
第十九条　~~建设占用土地，涉及农用地转为建设用地的，应当符合土地利用总体规划和土地利用年度计划中确定的农用地转用指标；城市和村庄、集镇建设占用土地，涉及农用地转用的，还应当符合城市规划和村庄、集镇规划。不符合规定的，不得批准农用地转为建设用地。~~	
第二十条　在~~土地利用总体~~规划确定的城市建设用地范围内，为实施城市规划~~占用土地~~的，~~按照下列规定办理：~~ ~~（一）~~市、县人民政府~~按照土地利用年度计划~~拟订农用地转用方案~~、补充耕地方案、征收土地方案~~，分批次~~逐级上~~报有批准权的人民政府。 ~~（二）有批准权的人民政府土地行政主管部门对农用地转用方案、补充耕地方案、征收土地方案进行审查，提出审查意见，报有批准权的人民政府批准；其中，补充耕地方案由批准农用地转用方案的人民政府在批准农用地转用方案时一并批准。~~ ~~（三）~~农用地转用方案~~、补充耕地方案、征收土地方案~~经批准后，由市、县人民政府组织实施~~，按具体建设项目分别供地~~。	第二十三条　在国土空间规划确定的城市**和村庄、集镇**建设用地范围内，为实施**该**规划**而将农用地转为建设用地**的，由市、县人民政府**组织自然资源等部门**拟订农用地转用方案，分批次报有批准权的人民政府**批准**。 **农用地转用方案应当重点对建设项目安排、是否符合国土空间规划和土地利用年度计划以及补充耕地情况作出说明。** 农用地转用方案经批准后，由市、县人民政府组织实施。

修订前（2014.7.29）	修订后（2021.7.2）
~~在土地利用总体规划确定的村庄、集镇建设用地范围内，为实施村庄、集镇规划占用土地的，由市、县人民政府拟订农用地转用方案、补充耕地方案，依照前款规定的程序办理。~~ ~~**第二十二条** 具体建设项目需要占用土地利用总体规划确定的城市建设用地范围内的国有建设用地的，按照下列规定办理：~~ ~~（一）建设项目可行性研究论证时，由土地行政主管部门对建设项目用地有关事项进行审查，提出建设项目用地预审报告；可行性研究报告报批时，必须附具土地行政主管部门出具的建设项目用地预审报告。~~ ~~（二）建设单位持建设项目的有关批准文件，向市、县人民政府土地行政主管部门提出建设用地申请，由市、县人民政府土地行政主管部门审查，拟订供地方案，报市、县人民政府批准；需要上级人民政府批准的，应当报上级人民政府批准。~~ ~~（三）供地方案经批准后，由市、县人民政府向建设单位颁发建设用地批准书。有偿使用国有土地的，由市、县人民政府土地行政主管部门与土地使用者签订国有土地有偿使用合同；划拨使用国有土地的，由市、县人民政府土地行政主~~	

221

修订前（2014.7.29）	修订后（2021.7.2）
管部门向土地使用者核发国有土地划拨决定书。 （四）土地使用者应当依法申请土地登记。 通过招标、拍卖方式提供国有建设用地使用权的，由市、县人民政府土地行政主管部门会同有关部门拟订方案，报市、县人民政府批准后，由市、县人民政府土地行政主管部门组织实施，并与土地使用者签订土地有偿使用合同。土地使用者应当依法申请土地登记。	
第二十三条　具体建设项目需要使用土地的，必须依法申请使用土地利用总体规划确定的城市建设用地范围内的国有建设用地。能源、交通、水利、矿山、军事设施等建设项目确需使用土地利用总体规划确定的城市建设用地范围外的土地，涉及农用地的，按照下列规定办理： （一）建设项目可行性研究论证时，由土地行政主管部门对建设项目用地有关事项进行审查，提出建设项目用地预审报告；可行性研究报告报批时，必须附具土地行政主管部门出具的建设项目用地预审报告。 （二）建设单位持建设项目的有关批准文件，向市、县人民政府土地行政主管部门提出建设用地申请，由市、县人民政府土地行政主	第二十四条　建设项目确需占用国土空间规划确定的城市和村庄、集镇建设用地范围外的农用地，涉及占用永久基本农田的，由国务院批准；不涉及占用永久基本农田的，由国务院或者国务院授权的省、自治区、直辖市人民政府批准。具体按照下列规定办理： （一）建设项目批准、核准前或者备案前后，由自然资源主管部门对建设项目用地事项进行审查，提出建设项目用地预审意见。建设项目需要申请核发选址意见书的，应当合并办理建设项目用地预审与选址意见书，核发建设项目用地预审与选址意见书。 （二）建设单位持建设项目的批准、核准或者备案文件，向市、县人民政府提出建设用地申请。市、县人民政府组织自然资源等部

222

修订前（2014.7.29）	修订后（2021.7.2）
管部门~~审查~~，拟订农用地转用方案~~、补充耕地方案、征收土地方案和供地方案（涉及国有农用地的，不拟订征收土地方案）~~，经市、县~~人民政府审核同意后，逐级~~上报有批准权的人民政府批准~~；其中，补充耕地方案由批准农用地转用方案的人民政府在批准农用地转用方案时一并批准；供地方案由批准征收土地的人民政府在批准征收土地方案时一并批准（涉及国有农用地的，供地方案由批准农用地转用的人民政府在批准农用地转用方案时一并批准）~~。 （三）农用地转用方案~~、补充耕地方案、征收土地方案和供地方~~案经批准后，由市、县人民政府组织实施~~，向建设单位颁发建设用地批准书。有偿使用国有土地的，由市、县人民政府土地行政主管部门与土地使用者签订国有土地有偿使用合同；划拨使用国有土地的，由市、县人民政府土地行政主管部门向土地使用者核发国有土地划拨决定书。~~ ~~(四）土地使用者应当依法申请土地登记。~~ ~~建设项目确需使用土地利用总体规划确定的城市建设用地范围外的土地，涉及农民集体所有的未利用地的，只报批征收土地方案和供地方案。~~	门拟订农用地转用方案，报有批准权的人民政府批准；依法应当由国务院批准的，由省、自治区、直辖市人民政府审核后上报。农用地转用方案应当重点对是否符合国土空间规划和土地利用年度计划以及补充耕地情况作出说明，涉及占用永久基本农田的，还应当对占用永久基本农田的必要性、合理性和补划可行性作出说明。 （三）农用地转用方案经批准后，由市、县人民政府组织实施。

223

修订前（2014.7.29）	修订后（2021.7.2）
~~第二十四条 具体建设项目需要占用土地利用总体规划确定的国有未利用地的，按照省、自治区、直辖市的规定办理；但是，国家重点建设项目、军事设施和跨省、自治区、直辖市行政区域的建设项目以及国务院规定的其他建设项目用地，应当报国务院批准。~~	
第二十一条 具体建设项目需要使用土地的，建设单位应当根据~~建设项目的总体设计~~一次申请，办理建设用地审批手续；分期建设的项目，可以根据可行性研究报告确定的方案分期申请建设用地，分期办理建设用地~~有关~~审批手续。	第二十五条 建设项目需要使用土地的，建设单位**原则上**应当一次申请，办理建设用地审批手续，**确需**分期建设的项目，可以根据可行性研究报告确定的方案，分期申请建设用地，分期办理建设用地审批手续。建设过程中用地范围确需调整的，应当依法办理建设用地审批手续。 农用地转用涉及征收土地的，还应当依法办理征收土地手续。
	第三节 土地征收
	第二十六条 需要征收土地，县级以上地方人民政府认为符合《土地管理法》第四十五条规定的，应当发布征收土地预公告，并开展拟征收土地现状调查和社会稳定风险评估。 征收土地预公告应当包括征收范围、征收目的、开展土地现状调查的安排等内容。征收土地预公告应当采用有利于社会公众知晓的方式，在拟征收土地所在的乡（镇）

修订前（2014.7.29）	修订后（2021.7.2）
	和村、村民小组范围内发布，预公告时间不少于十个工作日。自征收土地预公告发布之日起，任何单位和个人不得在拟征收范围内抢栽抢建；违反规定抢栽抢建的，对抢栽抢建部分不予补偿。 　　土地现状调查应当查明土地的位置、权属、地类、面积，以及农村村民住宅、其他地上附着物和青苗等的权属、种类、数量等情况。 　　社会稳定风险评估应当对征收土地的社会稳定风险状况进行综合研判，确定风险点，提出风险防范措施和处置预案。社会稳定风险评估应当有被征地的农村集体经济组织及其成员、村民委员会和其他利害关系人参加，评估结果是申请征收土地的重要依据。
	第二十七条　县级以上地方人民政府应当依据社会稳定风险评估结果，结合土地现状调查情况，组织自然资源、财政、农业农村、人力资源和社会保障等有关部门拟定征地补偿安置方案。 　　征地补偿安置方案应当包括征收范围、土地现状、征收目的、补偿方式和标准、安置对象、安置方式、社会保障等内容。
	第二十八条　征地补偿安置方案拟定后，县级以上地方人民政府应当在拟征收土地所在的乡（镇）和村、村民小组范围内公告，公告

修订前（2014.7.29）	修订后（2021.7.2）
	时间不少于三十日。 征地补偿安置公告应当同时载明办理补偿登记的方式和期限、异议反馈渠道等内容。 多数被征地的农村集体经济组织成员认为拟定的征地补偿安置方案不符合法律、法规规定的，县级以上地方人民政府应当组织听证。
	第二十九条　县级以上地方人民政府根据法律、法规规定和听证会等情况确定征地补偿安置方案后，应当组织有关部门与拟征收土地的所有权人、使用权人签订征地补偿安置协议。征地补偿安置协议示范文本由省、自治区、直辖市人民政府制定。 对个别确实难以达成征地补偿安置协议的，县级以上地方人民政府应当在申请征收土地时如实说明。
	第三十条　县级以上地方人民政府完成本条例规定的征地前期工作后，方可提出征收土地申请，依照《土地管理法》第四十六条的规定报有批准权的人民政府批准。 有批准权的人民政府应当对征收土地的必要性、合理性、是否符合《土地管理法》第四十五条规定的为了公共利益需征收土地的情形以及是否符合法定程序进行审查。

修订前（2014.7.29）	修订后（2021.7.2）
第二十五条　征收土地方案经依法批准后，~~由被征收土地所在地的市、县人民政府组织实施，并将批准征地机关、批准文号、征收土地的用途、范围、面积以及征地补偿标准、农业人员安置办法和办理征地补偿的期限等，在~~被征收土地所在地的乡（镇）、村予以公告。 ~~被征收土地的所有权人、使用权人应当在公告规定的期限内，持土地权属证书到公告指定的人民政府土地行政主管部门办理征地补偿登记。~~ ~~市、~~县人民政府土地行政主管部门根据经批准的征收土地方案，会同有关部门拟订征地补偿、安置方案，在被征收土地所在地的乡（镇）、村予以公告，听取被征收土地的农村集体经济组织和农民的意见。征地补偿、安置方案报市、县人民政府批准后，由市、县人民政府土地行政主管部门组织实施。对补偿标准有争议的，由县级以上地方人民政府协调；协调不成的，由批准征收土地的人民政府裁决。征地补偿、安置争议不影响征收土地方案的实施。 征收土地的各项费用应当自征地补偿、安置方案批准之日起3个月内全额支付。	第三十一条　征收土地申请经依法批准后，县级以上地方人民政府应当自收到批准文件之日起十五个工作日内在拟征收土地所在的乡（镇）和村、村民小组范围内发布征收土地公告，公布征收范围、征收时间等具体工作安排，对个别未达成征地补偿安置协议的应当作出征地补偿安置决定，并依法组织实施。

227

修订前（2014.7.29）	修订后（2021.7.2）
第二十六条 ~~土地补偿费归农村集体经济组织所有~~；地上附着物~~及青苗补偿费归~~地上附着物及青苗的所有者所有。 ~~征收土地的安置补助费必须专款专用，不得挪作他用。需要安置的人员由农村集体经济组织安置的，安置补助费支付给农村集体经济组织，由农村集体经济组织管理和使用；由其他单位安置的，安置补助费支付给安置单位；不需要统一安置的，安置补助费发放给被安置人员个人或者征得被安置人员同意后用于支付被安置人员的保险费用。~~ ~~市、县和乡（镇）人民政府应当加强对安置补助费使用情况的监督。~~	第三十二条 省、自治区、直辖市应当制定公布区片综合地价，确定征收农用地的土地补偿费、安置补助费标准，并制定土地补偿费、安置补助费分配办法。 地上附着物和青苗等的补偿费用，归其所有权人所有。 社会保障费用主要用于符合条件的被征地农民的养老保险等社会保险缴费补贴，按照省、自治区、直辖市的规定单独列支。 申请征收土地的县级以上地方人民政府应当及时落实土地补偿费、安置补助费、农村村民住宅以及其他地上附着物和青苗等的补偿费用、社会保障费用等，并保证足额到位，专款专用。有关费用未足额到位的，不得批准征收土地。
	第四节 宅基地管理
	第三十三条 农村居民点布局和建设用地规模应当遵循节约集约、因地制宜的原则合理规划。县级以上地方人民政府应当按照国家规定安排建设用地指标，合理保障本行政区域农村村民宅基地需求。 乡（镇）、县、市国土空间规划和村庄规划应当统筹考虑农村村民生产、生活需求，突出节约集约用地导向，科学划定宅基地范围。

修订前（2014.7.29）	修订后（2021.7.2）
	第三十四条　农村村民申请宅基地的，应当以户为单位向农村集体经济组织提出申请；没有设立农村集体经济组织的，应当向所在的村民小组或者村民委员会提出申请。宅基地申请依法经农村村民集体讨论通过并在本集体范围内公示后，报乡（镇）人民政府审核批准。 　　涉及占用农用地的，应当依法办理农用地转用审批手续。
	第三十五条　国家允许进城落户的农村村民依法自愿有偿退出宅基地。乡（镇）人民政府和农村集体经济组织、村民委员会等应当将退出的宅基地优先用于保障该农村集体经济组织成员的宅基地需求。
	第三十六条　依法取得的宅基地和宅基地上的农村村民住宅及其附属设施受法律保护。 　　禁止违背农村村民意愿强制流转宅基地，禁止违法收回农村村民依法取得的宅基地，禁止以退出宅基地作为农村村民进城落户的条件，禁止强迫农村村民搬迁退出宅基地。
	第五节　集体经营性建设用地管理
	第三十七条　国土空间规划应当统筹并合理安排集体经营性建设用地布局和用途，依法控制集体经营性建设用地规模，促进集体经营性建设用地的节约集约利用。

修订前（2014.7.29）	修订后（2021.7.2）
	鼓励乡村重点产业和项目使用集体经营性建设用地。
	第三十八条　国土空间规划确定为工业、商业等经营性用途，且已依法办理土地所有权登记的集体经营性建设用地，土地所有权人可以通过出让、出租等方式交由单位或者个人在一定年限内有偿使用。
	第三十九条　土地所有权人拟出让、出租集体经营性建设用地的，市、县人民政府自然资源主管部门应当依据国土空间规划提出拟出让、出租的集体经营性建设用地的规划条件，明确土地界址、面积、用途和开发建设强度等。 市、县人民政府自然资源主管部门应当会同有关部门提出产业准入和生态环境保护要求。
	第四十条　土地所有权人应当依据规划条件、产业准入和生态环境保护要求等，编制集体经营性建设用地出让、出租等方案，并依照《土地管理法》第六十三条的规定，由本集体经济组织形成书面意见，在出让、出租前不少于十个工作日报市、县人民政府。市、县人民政府认为该方案不符合规划条件或者产业准入和生态环境保护要求等的，应当在收到方案后五个工作日内提出修改意见。土地所有权人应当按照市、县人民政府的意见进行修改。

修订前（2014.7.29）	修订后（2021.7.2）
	集体经营性建设用地出让、出租等方案应当载明宗地的土地界址、面积、用途、规划条件、产业准入和生态环境保护要求、使用期限、交易方式、入市价格、集体收益分配安排等内容。
	第四十一条 土地所有权人应当依据集体经营性建设用地出让、出租等方案，以招标、拍卖、挂牌或者协议等方式确定土地使用者，双方应当签订书面合同，载明土地界址、面积、用途、规划条件、使用期限、交易价款支付、交地时间和开工竣工期限、产业准入和生态环境保护要求，约定提前收回的条件、补偿方式、土地使用权届满续期和地上建筑物、构筑物等附着物处理方式，以及违约责任和解决争议的方法等，并报市、县人民政府自然资源主管部门备案。未依法将规划条件、产业准入和生态环境保护要求纳入合同的，合同无效；造成损失的，依法承担民事责任。合同示范文本由国务院自然资源主管部门制定。
	第四十二条 集体经营性建设用地使用者应当按照约定及时支付集体经营性建设用地价款，并依法缴纳相关税费，对集体经营性建设用地使用权以及依法利用集体经营性建设用地建造的建筑物、构筑物及其附属设施的所有权，依法申请办理不动产登记。

修订前（2014.7.29）	修订后（2021.7.2）
	第四十三条 通过出让等方式取得的集体经营性建设用地使用权依法转让、互换、出资、赠与或者抵押的，双方应当签订书面合同，并书面通知土地所有权人。 集体经营性建设用地的出租，集体建设用地使用权的出让及其最高年限、转让、互换、出资、赠与、抵押等，参照同类用途的国有建设用地执行，法律、行政法规另有规定的除外。
第六章 监督检查	第五章 监督检查
	第四十四条 国家自然资源督察机构根据授权对省、自治区、直辖市人民政府以及国务院确定的城市人民政府下列土地利用和土地管理情况进行督察： （一）耕地保护情况； （二）土地节约集约利用情况； （三）国土空间规划编制和实施情况； （四）国家有关土地管理重大决策落实情况； （五）土地管理法律、行政法规执行情况； （六）其他土地利用和土地管理情况。
	第四十五条 国家自然资源督察机构进行督察时，有权向有关单位和个人了解督察事项有关情况，有关单位和个人应当支持、协助督

修订前（2014.7.29）	修订后（2021.7.2）
	察机构工作，如实反映情况，并提供有关材料。
	第四十六条 被督察的地方人民政府违反土地管理法律、行政法规，或者落实国家有关土地管理重大决策不力的，国家自然资源督察机构可以向被督察的地方人民政府下达督察意见书，地方人民政府应当认真组织整改，并及时报告整改情况；国家自然资源督察机构可以约谈被督察的地方人民政府有关负责人，并可以依法向监察机关、任免机关等有关机关提出追究相关责任人责任的建议。
第三十一条 土地管理监督检查人员应当经过培训，经考核合格后，方可从事土地管理监督检查工作。	第四十七条 土地管理监督检查人员应当经过培训，经考核合格，**取得行政执法证件后**，方可从事土地管理监督检查工作。
第三十二条 <u>土地行政</u>主管部门<u>履行</u>监督检查<u>职责，除采取《土地管理法》第六十七条规定的措施外</u>，还可以采取下列措施： （一）询问违法案件的<u>当事人</u>、嫌疑人和证人； （二）进入被检查单位或者个人非法占用的土地现场进行拍照、摄像； （三）责令当事人停止正在进行的土地违法行为； （四）对涉嫌土地违法的单位或者个人，<u>停止办理</u>有关土地审批、	第四十八条 **自然资源**主管部门、**农业农村主管部门按照职责分工**进行监督检查时，可以采取下列措施： （一）询问违法案件**涉及**的**单位或者个人**； （二）进入被检查单位或者个人**涉嫌土地违法**的现场进行拍照、摄像； （三）责令当事人停止正在进行的土地违法行为； （四）对涉嫌土地违法的单位或者个人，**在调查期间暂停办理**与

233

修订前（2014.7.29）	修订后（2021.7.2）
登记手续； （五）责令<u>违法嫌疑人</u>在调查期间不得变卖、转移与案件有关的财物<s>。</s>	该违法案件相关的土地审批、登记等手续； （五）对可能被转移、销毁、隐匿或者篡改的文件、资料予以封存，责令涉嫌土地违法的单位或者个人在调查期间不得变卖、转移与案件有关的财物； （六）《土地管理法》第六十八条规定的其他监督检查措施。
第三十三条　依照《土地管理法》第七十二条规定给予<s>行政</s>处分的，由责令作出行政处罚决定或者直接给予行政处罚<s>决定</s>的上级人民政府<u>土地行政</u>主管部门作出。<s>对于警告、记过、记大过的行政处分决定，上级土地行政主管部门可以直接作出；对于降级、撤职、开除的行政处分决定，上级土地行政主管部门应当按照国家有关人事管理权限和处理程序的规定，向有关机关提出行政处分建议，由有关机关依法处理。</s>	第四十九条　依照《土地管理法》第七十三条的规定给予处分的，应当按照管理权限由责令作出行政处罚决定或者直接给予行政处罚的上级人民政府**自然资源**主管部门**或者其他任免机关**、单位作出。
	第五十条　县级以上人民政府自然资源主管部门应当会同有关部门建立信用监管、动态巡查等机制，加强对建设用地供应交易和供后开发利用的监管，对建设用地市场重大失信行为依法实施惩戒，并依法公开相关信息。
第<u>七</u>章　法律责任	第六章　法律责任
	第五十一条　违反《土地管理

修订前（2014.7.29）	修订后（2021.7.2）
	法》第三十七条的规定，非法占用永久基本农田发展林果业或者挖塘养鱼的，由县级以上人民政府自然资源主管部门责令限期改正；逾期不改正的，按占用面积处耕地开垦费 2 倍以上 5 倍以下的罚款；破坏种植条件的，依照《土地管理法》第七十五条的规定处罚。
第三十五条 在临时使用的土地上修建永久性建筑物、构筑物的，由县级以上人民政府土地行政主管部门责令限期拆除；逾期不拆除的，由作出处罚决定的机关依法申请人民法院强制执行。	第五十二条 违反《土地管理法》第五十七条的规定，在临时使用的土地上修建永久性建筑物的，由县级以上人民政府自然资源主管部门责令限期拆除，按占用面积处土地复垦费 5 倍以上 10 倍以下的罚款；逾期不拆除的，由作出行政决定的机关依法申请人民法院强制执行。
第三十六条 对在土地利用总体规划制定前已建的不符合土地利用总体规划确定的用途的建筑物、构筑物重建、扩建的，由县级以上人民政府土地行政主管部门责令限期拆除；逾期不拆除的，由作出处罚决定的机关依法申请人民法院强制执行。	第五十三条 违反《土地管理法》第六十五条的规定，对建筑物、构筑物进行重建、扩建的，由县级以上人民政府自然资源主管部门责令限期拆除；逾期不拆除的，由作出行政决定的机关依法申请人民法院强制执行。
第三十八条 依照《土地管理法》第七十三条的规定处以罚款的，罚款额为非法所得的 50% 以下。	第五十四条 依照《土地管理法》第七十四条的规定处以罚款的，罚款额为违法所得的 10% 以上 50% 以下。
第四十条 依照《土地管理法》第七十四条的规定处以罚款的，罚款额为耕地开垦费的 2 倍以下。	第五十五条 依照《土地管理法》第七十五条的规定处以罚款的，罚款额为耕地开垦费的 5 倍

修订前（2014.7.29）	修订后（2021.7.2）
	以上10倍以下；破坏黑土地等优质耕地的，从重处罚。
第四十一条 依照《土地管理法》第七十五条的规定处以罚款的，罚款额为土地复垦费的2倍以下。	第五十六条 依照《土地管理法》第七十六条的规定处以罚款的，罚款额为土地复垦费的**2倍以上5倍以下**。
第四十四条 违反本条例第二十六条的规定，逾期不恢复种植条件的，由县级以上人民政府土地行政主管部门责令限期改正，可以处耕地复垦费2倍以下的罚款。	违反本条例规定，临时用地期满之日起一年内未完成复垦或者未恢复种植条件的，由县级以上人民政府**自然资源**主管部门责令限期改正，**依照《土地管理法》第七十六条的规定处罚**，并由县级以上人民政府自然资源主管部门会同农业农村主管部门代为完成复垦或者恢复种植条件。
第四十二条 依照《土地管理法》第七十六条的规定处以罚款的，罚款额为非法占用土地每平方米30元以下。	第五十七条 依照《土地管理法》第七十七条的规定处以罚款的，罚款额为非法占用土地每平方米**100元以上1000元以下**。
第三十四条 违反本条例第十七条的规定，在土地利用总体规划确定的禁止开垦区内进行开垦的，由县级以上人民政府土地行政主管部门责令限期改正，逾期不改正的，依照《土地管理法》第七十六条的规定处罚。	违反本条例规定，在**国土空间**规划确定的禁止开垦**的**范围内从事**土地开发活动**的，由县级以上人民政府**自然资源**主管部门责令限期改正，并依照《土地管理法》第七十七条的规定处罚。
	第五十八条 依照《土地管理法》第七十四条、第七十七条的规定，县级以上人民政府自然资源主管部门没收在非法转让或者非法占用的土地上新建的建筑物和其

修订前（2014.7.29）	修订后（2021.7.2）
	他设施的，应当于九十日内交由本级人民政府或者其指定的部门依法管理和处置。
第四十三条 依照《土地管理法》第八十条的规定处以罚款的，罚款额为非法占用土地每平方米<u>10元以上30元</u>以下。	第五十九条 依照《土地管理法》第八十一条的规定处以罚款的，罚款额为非法占用土地每平方米 **100元以上500元**以下。
第三十九条 依照《土地管理法》第八十<u>一</u>条的规定处以罚款的，罚款额为非法所得的<u>5%以上20%</u>以下。	第六十条 依照《土地管理法》第八十二条的规定处以罚款的，罚款额为违法所得的 **10%以上30%**以下。
第三十七条 阻碍<u>土地</u>行政主管部门的工作人员依法执行职务的，依法给予治安管理处罚<u>或者追究刑事责任</u>。	第六十一条 阻碍**自然资源**主管部门、**农业农村**主管部门的工作人员依法执行职务，**构成违反治安管理行为**的，依法给予治安管理处罚。
第四十五条 违反土地管理法律、法规规定，阻挠国家建设征收土地的，由县级以上人民政府<s>土地行政主管部门</s>责令交出土地；拒不交出土地的，申请人民法院强制执行。	第六十二条 违反土地管理法律、法规规定，阻挠国家建设征收土地的，由县级以上地方人民政府责令交出土地；拒不交出土地的，**依法**申请人民法院强制执行。
	第六十三条 违反本条例规定，侵犯农村村民依法取得的宅基地权益的，责令限期改正，对有关责任单位通报批评、给予警告；造成损失的，依法承担赔偿责任；对直接负责的主管人员和其他直接责任人员，依法给予处分。

修订前（2014.7.29）	修订后（2021.7.2）
	第六十四条 贪污、侵占、挪用、私分、截留、拖欠征地补偿安置费用和其他有关费用的，责令改正，追回有关款项，限期退还违法所得，对有关责任单位通报批评、给予警告；造成损失的，依法承担赔偿责任；对直接负责的主管人员和其他直接责任人员，依法给予处分。
	第六十五条 各级人民政府及自然资源主管部门、农业农村主管部门工作人员玩忽职守、滥用职权、徇私舞弊的，依法给予处分。
	第六十六条 违反本条例规定，构成犯罪的，依法追究刑事责任。
第八章 附　则	第七章 附　则
第四十六条 本条例自<u>1999年1月1日</u>起施行。~~1991年1月4日国务院发布的《中华人民共和国土地管理法实施条例》同时废止。~~	第六十七条 本条例自**2021年9月1日**起施行。